KB262673

정보통신관련 국제기구 지식정보원

국제기구 지식정보원 시리즈 ❼

정보통신관련 국제기구 지식정보원

International Organizations | 노영희 · 홍현진 |

한국학술정보㈜

머리말

    정보통신기술의 급격한 발전과 정보통신을 둘러싼 제반 환경의 혁신으로 인하여 경제, 사회, 문화 등 제반 분야에 걸쳐, 개인부터 지역공동체, 국가수준에 이르기까지 광범위하고 혁명적이라고까지 할 수 있는 변화의 와중에 있으며 국제기구 역시 이에 예외가 될 수는 없는 상황이다. ITU, APT 등과 같은 정보통신국제기구는 원활한 국제통신을 위한 국가 간 협력을 위하여 설립되었으며 이후 통신기술 및 환경의 변화에 따라 서서히 목적과 활동이 확대되고 또 진화되어 왔다.

    한편 전 세계가 인터넷으로 연결됨에 따라 해킹, 컴퓨터 바이러스 유포 등 전자적 침해행위가 심지어는 국가안보를 위협하는 요소로 등장하고 있다. 주요 정보통신시설의 교란이나 마비는 사회기반시설의 기능을 붕괴시킬 가능성이 있고 막대한 경제적 손실을 야기할 수 있다. 이에 따라 여러 선진국은 물론 국제기구에서는 전자적 침해행위로부터 주요 정보통신 기반을 보호하기 위해 상호협력 활동을 활발히 전개하고 있다. EU, NATO, OECD, UN 등 여러 국제기구들이 주요 정보통신 기반보호를 위한 활동을 하는 대표적인 국제기구이다.

    OECD 회원국들이 정보보호 문화 창출을 위해 가이드라인 이행에 많은 노력을 기울이고 있는 가운데, 우리나라도 정보보호 문화 운동에 적극적으로 참여하고 있다. 특히 주요 정보통신 기반보호를 위해 OECD 정보 · 컴퓨터 · 통신정책위원회(ICCP) 산하 정보보호작업반(WPISP)에서 관련 연구 및 조사에 대해 적극 참여하고 있다.

APEC-TEL에서는 주요 정보통신 기반보호관련 활동을 주로 정보보호 태스크포스(eSTG, e-Security Task Force)가 수행하고 있는데, 정기적인 회의 개최 및 주요 이슈들에 대해 워크숍, 세미나 등을 개최하여 회원국 간 정보를 공유하고 있다. 우리나라는 아시아 PKI포럼 활동과 연계하여 국가 간 전자서명 상호 연동에 대한 논의에 활발히 참여하고 있으며, 아울러 사이버 범죄에 대한 정보 교류 등에서 국제 협력 활동을 강화하고 있다.

이렇게 중요한 역할을 하고 있는 정보통신관련 국제기구들은 정부 간, 지역 간 연합에 의해 설립되며, 각 국제기구들이 정보통신과 관련한 세계적인 현안들을 협력하여 해결해 나가면서, 그 과정에서 발생하는 모든 활동과 정책을 문서화하고 있다. 각 기구의 활동에서 생산된 각종 법률과 수천 종의 간행물은 다양한 정보를 수록하고 있어서 지식정보자원으로서 중요한 의미를 지닌다고 할 수 있다. 본 저서에서는 이러한 정보를 체계적으로 수집하고 유통시킬 수 있는 방안을 강구하고자 하였고, 이를 위해 각 국제기구가 생산 및 관리하고 있는 지식정보원에 대한 정보를 최대한 수집하여 정리하였다.

첫째, 조사대상 국제기구를 선정하였다. 현재 정보통신관련 국제기구 중에서 비교적 규모가 큰 국제기구만을 선정하되 기구 활동의

결과를 문서로 생산하거나 기구 내에 도서관·정보센터를 두고 있는 기구들을 중심으로 조사하였다.

둘째, 선정된 국제기구 자체에 대한 조사를 함으로써 국제기구 정보원에 대한 자료를 제공할 뿐만 아니라 그러한 정보원을 제공하는 각 국제기구에 대한 이용자들의 이해를 돕고자 하였다. 각 국제기구의 소재지, 설립연혁, 설립목적, 국제기구의 회원, 주요 사업, 한국과의 관계 등에 관한 정보를 조사하였으며, 주요 사업이나 국제기구 회원에 대한 정보는 국제기구 사이트나 관련 문헌에서 정보를 찾을 수 없는 경우 생략하였다.

셋째, 선정된 각 국제기구가 제공하고 있는 정보서비스 및 그 특징에 대해서 구체적으로 조사하였다.

- 각 국제기구의 정보배포정책에 대해 조사함으로써 향후 국내 특정 기관이 정보통신관련 국제기구 정보원을 수집하고자 할 경우 본 저서를 통해서 그 정보배포정책에 대한 정보를 얻을 수 있도록 하였다. 즉 각 국제기구별 온·오프라인 정보배포정책을 조사하였다.

- 각 국제기구가 보유하고 있는 데이터베이스에 대해 조사하였다. 각 국제기구는 기구에 따라 약간의 차이가 있으나 각 기관이 소장하고 있는 데이터를 데이터베이스로 구축하여 서비스하고 있는 경우가 있으며, 본 저서에서는 이러한 각 국제기구가 제공하고 있는 데이터베이스 및 각 데이터베이스의 서

비스 방법에 대해서 조사하였다.

■ 각 국제기구가 보유하고 있는 다양한 종류의 간행물에 대해서도 조사하였다. 대부분의 국제기구는 각 국제기구의 활동을 관련 국가 또는 관련 분야 사람들에게 알리고자 하는 목적에서 정보자료를 생산하여 제공한다. 따라서 국제기구의 활동결과는 회의보고서, 보고서, 단행본, 뉴스레터, 연속간행물 등 매우 다양한 정보자료 형태로 생산된다. 본 저서에서는 이러한 다양한 종류의 정보원이 관련 분야 전문가 및 이용자에게는 매우 유익한 지식정보원이 될 수 있기 때문에 모두 조사하였다.

본 저서는 2006년에 출판된『국제기구 지식정보원의 이해와 활용』에서 출발한다. 즉 세계적으로 국제기구는 2만여 개가 넘는 것으로 알려지고 있으나 지면상의 한계로 위 책에는 비교적 규모가 큰 국제기구만을 선별하여 주제구분 없이 수록하고 있다. 그러나 각 주제 분야별로 수많은 국제기구가 있고, 각 기구에서는 관련 분야 연구자 및 행정가에게 매우 유용할 것으로 판단되는 지식정보원이 계속적으로 발간되고 있어 주제 분야별 지식정보원 시리즈를 발간하게 되었다. 지금까지 발간된 '국제기구 지식정보원 시리즈'는 다음과 같다.

제1권:『해사(海事)관련 국제기구 지식정보원』
제2권:『경제관련 국제기구 지식정보원』

제3권: 『환경관련 국제기구 지식정보원』

제4권: 『인권관련 국제기구 지식정보원』

제5권: 『개발원조관련 국제기구 지식정보원』

제6권: 『문화·스포츠관련 국제기구 지식정보원』

이번에는 제7권으로 『정보통신관련 국제기구 지식정보원』을 발간하게 되었으며, 앞으로 예술, 의료, 법률, 교육 등 다양한 주제 분야의 국제기구 지식정보원을 시리즈로 발간함으로써 국제기구 지식정보원의 국내 유통을 활성화하는 데 기여하고자 한다.

끝으로 이 책을 출판하기까지 정보자료 수집 및 교정과 색인 작성 등 정성과 노고를 아끼지 않은 Manchester University의 임소진 연구원, 건국대학교 송영림 연구원, 구로초등학교 사서교사 정미숙 연구원에게 깊은 감사를 드린다.

2009년 1월

노영희·홍현진

일러두기

1. 발간목적

이 자료의 발간목적은 세계적으로 유명한 정보통신관련 국제기구에서 생산되는 정보자료를 국내 정보망을 통해 공식적으로 유통하기 위함이며, 이를 위해 각 국제기구에서 생산되는 데이터베이스, 연속간행물 및 단행본에 대한 정보를 수록하고 있다.

2. 자료수집

정보통신관련 국제기구 및 단체에서 발행한 안내서, 홈페이지, 연감 및 각종 보고서에 실린 자료들을 기초로 국제기구에 대한 간략한 정보와 각 기관에서 생산되는 자료에 대한 정보를 수집하였다. 추가적으로 보완이 필요한 경우 전화나 이메일을 이용하여 보다 구체적이고 정확한 정보를 수집하고자 하였다.

3. 기구선정

현재 세계적으로 정보통신관련 국제기구 및 단체는 3천여 개가 넘는 것으로 나타나고 있고, 본 저서에는 비교적 규모가 크고 정보생산량이 많은 기구를 중심으로 선정하였으며, 총 33개의 기관을 선정하여 수록하였다.

4. 수록내용

본 저서는 정보통신관련 국제기구에서 생산되는 지식정보원을 주로 소개하는 자료이지만, 각 국제기구에 대한 일반적인 내용도 포함하고 있다. 즉 국제기구의 소재지, 설립연혁, 설립목적 및 기능, 회원국, 한국과의 관계 등에 대한 정보를 포함하였다. 또한 정보자료에 대한 내용을 주로 수록하고 있는데, 각 국제기구의 정보배포정책, 정보원의 주제 분야, 정보원의 종류, 서비스의 특징, 소장하고 있는 데이터베이스, 산하 도서관의 유무, 그리고 정보획득 방법에 관한 정보까지도 최대한 수록하고자 하였다.

5. 약어표 및 색인

본 저서에는 독자의 이해를 돕기 위해 약어표를 첨부하되, 약어, 풀네임, 한국어 국제기구명을 약어의 알파벳순으로 수록하였다. 또한 본 자료에 실린 국제기구를 보다 신속하게 접근할 수 있도록 국제기구명 국문·영문색인을 수록하였다.

목 차

Ⅰ. 정보통신 및 정보통신관련 국제기구의 이해

1. 정보통신의 개요

1.1 정보통신의 정의

종래의 전기통신은 전보 등은 전신으로, 사람의 말은 전화로, 컴퓨터 데이터는 데이터통신으로 각각 서비스가 되고 있었다. 그러나 직접회로 기술과 디지털 통신기술의 발달, 그리고 컴퓨터의 고도화에 따라 화상, 영상 등의 시각정보가 기존의 데이터 및 음성정보와 함께 동시에 처리되고 송수신 되는 멀티미디어 시대가 도래하였다. 이와 같이 정보를 주고받는 전기통신과 정보를 처리하고 저장하는 컴퓨터의 통합화가 급속히 이루어지게 되어 기존의 전기통신이라는 용어 대신 정보통신이라는 새로운 용어를 사용하게 되었다.

즉 정보통신이란 기존의 전기통신에 컴퓨터가 결합되어 음성뿐만 아니라 문자, 화상, 영상 등의 정보를 처리하여 주고받는 것이라고 할 수 있다.

한편 정보가 정보통신시스템에서 원활하게 교환되기 위해서는 내장된 구성 기기와 소프트웨어 상호간의 대화 규정, 즉 프로토콜(Protocol)이 필요하다. 이에 국제전기통신표준화기구인 ITU에서는 정보통신을 '기계에 의하여 처리된 정보의 전송'이라고 정의하고 있으며, 여기에서 기계는 데이터가 발생하는 단말장치와 데이터를 처리하는 컴퓨터를 의미한다.

종합적으로 정리하면, 정보통신이란 정보를 처리할 수 있는 기기 간에 전기적인 통신회선을 통해 정보를 송수신하는 통신형태의한 종류로서(박상현 외 2001), 광의의 정보통신은 손짓이나 몸짓에 의한 의미전달, 언어에 의한 정보의 전달, 그리고 문자, 음성, 영상 등의 정보를 전기통신기기에 의해 전달하는 것을 말하고, 협의의 정보통신은 컴퓨터와 전기통신기기를 결합하여 근거리나 원거리에서 정보를 정확하고 효율적으로 전달하는 것을 의미한다(곽진규 외 2004).

1.2 정보통신의 발달과정

정보통신은 전신기(Telegraphy)를 제1의 통신, 전화기(Telephony)를 제2의 통신, 데이터통신(Data Communication)을 제3의 통신이라고 할 수 있다(이창희 외 2003).

1) 제1의 통신: 전신기

전신기(Telegraphy)를 제1의 통신이라 하며, 1831년에 패러디(Faraday)가 발견한 전자기 유도 법칙을 응용하여 1987년에 모르스(Samuel F. B. Morse: 1791~1872년)가 전신기를 발명한 이후, 1844년에 미국의 워싱턴과 볼티모어(40마일) 간에 최초의 유선에 의한 전기통신이 성공하였다. 우리나라에서는 1885년에 한성과 제물포 간에 최초로 유선전신이 개통되었고, 1910년에는 월미도와 광제호 간에 최초의 무선전신이 개통되었다.

전신기는 전류를 On/Off 하여 전선에 흘려보내는 형태와 모스 부호를 이용하여 데이터를 전송하는 형태가 있었다. 모스 부호는 장시간의 훈련을 거친 사람만이 이해할 수 있으며, 그렇지 않은 사람들은 다루기 어렵다. 그 후 텔레타이프(Teletype)의 발달로 수신 측에서는 소리가 아닌 문자가 기록 용지에 수신되어 이해하기가 더욱 쉬워졌다. 텔레타이프는 송신 측에서 키를 두드리면 수신 측에서는 종이에 문자가 인쇄되는 기록통신 방식이다.

문자나 기호 등의 정보를 멀리 전달하기 위하여 이것을 어떤 신호로 표현하는 방법에는 다음과 같이 2가지 방법이 있다. 첫째, 인간의 음성처럼 연속되는 음의 변화나 주파수처럼 연속해서 나타나는 파의 변화로 표현하는 방법이다. 둘째, 전압의 높고 낮음이나 On/Off만의 2가지 값으로 표현하는 방법이다. 전자를 아날로그 신호(Analog Signal)라 부르고, 후자를 디지털 신호(Digital Signal)라 부르며, 모스 부호는 대표적인 디지털 신호 방식이라 할 수 있다.

2) 제2의 통신: 전화기

1876년에 벨(A. G. Bell)이 개발한 전화기(Telephony)는 사람의 음성을 전기 신호로 변환하여 멀리 전달할 수 있는 것으로 제2의 통신이라 한다. 모르스의 전신기와 크게 다른 점은 전화기는 전송하려고 하는 문자나 기호 등의 정보를 인간의 손에 의해 부호화하여 전신기에 의해서 송출하는 데 비해, 전화기는 인간의 음성을 그대로 전기 신호의 강약으로 바꾸어서 멀리 전송하는 것으로서 당연히 대표적인 아날로그 신호 방식이라 할 수 있다.

벨의 전화기는 통으로부터 들어오는 음의 세기에 의해 진동판을 진동시켜 그것을 철심에 감겨진 코일에 의해서 전기 신호의 강약으로 변화시키는 것으로서 수신 측에서는 반대로 전달된 전류를 음성으로 재현하는 통신 방법이다.

우리나라는 1896년에 궁 내부에서 최초로 행정 전화가 개통되었고, 그 후 1902년에는 한성과 인천 간에 시외 전화가 개통되었다.

3) 제3의 통신: 데이터통신

제1통신과 제2통신이 사람과 사람과의 직접적인 정보 전송을 다룬 것에 비하여 기계(컴퓨터)와 컴퓨터 또는 컴퓨터와 사람 간에 다양한 정보를 신속하고 정확하게 교환하며 전송된 정보를 컴퓨터 등으로 처리하는 것을 데이터통신(Data Communication), 즉 제3의 통신이라 한다.

컴퓨터는 처리 속도의 향상 및 성능의 향상을 목표로 급속한 발전을 이루었다. 즉 컴퓨터 하드웨어 및 소프트웨어 기술의 발전과 더불어 출현한 것이 데이터통신시스템이며, 그 출현 배경은 다음과 같다.

- 원격지와의 통신 정보량 증대
- 정보 입수의 시간 단축
- 정보 통합화, 집중화의 필요성 증대
- 창구 업무의 간소화

이러한 요인 때문에 즉시성과 광역성을 필요로 하는 업무 분야에서는 전기통신기술(정보전송기술)과 컴퓨터기술(정보처리기술)을 결합한 데이터통신시스템이 출현한 것이다.

세계 최초의 데이터통신시스템은 1958년 미국 공군에 의해 구축된 반자동반공망시스템(SAGE: Semi‒Automatic Ground Environment)이다. SAGE의 목적은 기습 비행 공격으로부터 미국을 보호하기 위해 적군기의 내습을 조기에 탐지하여 이에 신속히 대처하기 위한 것이다. 각 지역에 설치된 레이더 그리고 육안 감시 등에 의해 수집된 각종 비행 물체에 대한 데이터를 처리하여 그 결과를 스크린에 나타내 준다. 뿐만 아니라 SAGE 시스템은 항공기들의 비행 계획, 무기와 지상 기지의 상태, 기상 상태 등에 관한 여러 종류의 정보를 가지고 있다.

이와 같은 기술은 민간 상업적인 분야로 응용되어 1946년에 미국의 항공 회사(American Airline)가 좌석 예약과 회계 업무 등에 관련된 정보를 처리하기 위해서 세계 최초의 상업용 데이터통신시스템인 SABRE(Semi - Automatic Business Research Environment)을 개발하였다. SABRE는 각 지역에 분산된 공항, 지점 등에 설치된 1,300여 대의 단말기와 뉴욕의 컴퓨터 센터를 연결하여 기본적인 좌석 예약은 물론 항공기 운항 계획, 경영 정보 등을 처리하도록 하였다.

1960년대에는 다수의 이용자가 공동으로 컴퓨터시스템의 자원을 이용할 수 있는 시분할시스템(TTS: Time Sharing System) 개발과 더불어 MIT 대학에서는 제2세대 컴퓨터인 IBM 7094Ⅱ를 사용하여 약 30대의 컴퓨터가 동시에 가동되고, 단말기는 200bps의 텔레타이프로서 교환기를 경유하여 전송되는 최초의 TSS 실험용 시스템인 CTSS(Compatible Time Sharing System)를 1963년에 완성하였다.

1968년 미 국방성 산하 고등연구 프로젝트 위원회(ARPA: Advanced Research Project Agency)를 중심으로 시험망인 알파넷(Alphanet)이라는 컴퓨터망을 구성하였다. 미 국방성을 중심으로 각 대학 및 연구기관들이 연결된 알파넷은 최초 패킷교환(Packet Switching) 방식의 망이었으며, 이것이 오늘날 인터넷의 기원이 되었다.

2. 정보통신의 표준화

2.1 표준화의 개념

표준(Standard)이란 일반적으로 물건, 개념, 방법, 절차 등에 관해 통일화 및 단순화를 규정한 일종의 약속이다. 예를 들어, 어떤 물건에 대한 개념, 물건을 만드는 방법, 물건을 사용하는 절차 등을 규정한 것이라 할 수 있다.

정보통신표준이란 궁극적으로 정보통신망 및 정보통신서비스를 제공하거나 이용하는 데 필요한 정보통신 주체 간에 미리 합의된 규약의 집합이라 볼 수 있으며, 이러한 정보통신시스템 간의 프로토콜(Protocol)을 정립하는 활동을 표준화라고 한다. 표준화란 한마디로 표준을 설정하고 이것을 활용하는 조직적인 행위라고 볼 수 있다.

표준화로 인해 통신하려고 하는 각기 다른 회사나 집단을 만족시킬 수 있고 하드웨어와 소프트웨어의 형태를 정형화함으로써 호환성을 높일 수 있으며 통신하고자 하는 객체 간의 인터페이스를 만족시킴으로써 사용자가 제품을 구입하는 데 있어서 융통성을 제공한다. 그러나 표준화로 인한 단점으로 표준화 작업의 지연으로 인한 기술 발전의 저해, 동일한 제품에 대한 다수 표준의 존재로 인한 혼란 야기 등이 있다.

2.2 표준화의 종류

정보통신의 표준화는 일반적으로 적용되는 지역에 따라 분류하는 방법, 강제력과 발효시기에 따라 분류하는 방법, 규정 내용에 따라 분류하는 방법으로 분류할 수 있다. 다음 표는 적용 지역에 따라 표준을 분류한 것이다.

<표 1> 표준의 종류

구 분	내 용
국제표준 (International Standards)	전 세계 대부분의 국가가 참여하여 합의를 도출한 표준 예) ITU, ISO, IEC 등에서 제정한 표준
지역표준 (Regional Standards)	한정된 수의 국가나 어느 특정 지역에 소속된 국가들이 합의를 도출한 표준 예) 유럽의 ETSI 표준
국가표준 (National Standards)	국가 또는 국가 내의 특정 기관이 자국 영토 내에서 적용할 수 있도록 이해 당사자끼리 합의한 표준 예) 우리나라의 산업표준(KS), 한국정보통신표준(KICS) 일본의 JIS표준, 미국의 ANSI표준
단체표준 (Association Standards)	국가 내의 표준화 단체, 특정 정보기관, 학회 등에서 제정한 표준 예) 우리나라의 TTA표준, 미국의 TI표준
사내표준 (Company Standards)	정보통신서비스 제공자나 생산자가 자체의 정보통신서비스를 제공하거나 또는 기기의 제조를 효율적으로 추진하기 위해 기업 내에서 정한 표준 예) 한국통신, ETRI 등의 표준

2.3 표준화 단체

1) 국제전기통신연합(ITU)

국제전기통신연합(ITU: International Telecommunication Union)은 유선통신뿐만 아니라 전파, 방송 및 위성주파수 등에 관한 국제권고를 개발·보급하고, 또 국제간의 조정역할을 목적으로 하고 있는 국제기구로서, 1865년에 설립된 국제전신연합과 1906년에 설립된 국제무선전신연합이 1932년에 통합되어 국제전기통신연합으로 발족하였다.

ITU는 1982년 나이로비 국제전기통신협약이 종료되면서 전기통신기술의 진보와 정보화 및 세계화에 적절히 대응하기 위하여 ITU의 조직이 전면적으로 개편되었는데, 개편된 ITU의 조직은 전권위원회의(최고의사결정기관), 무선통신표준화 부문(ITU-R: Radio Communication Sector), 전기통신표준화 부문(ITU-T: Telecommunication Standardization Sector), 전기통신개발 부문(Telecommunication Development Sector)으로 구성되어 있고, 이 외에도 이사회와 사무총국이 있다.

여기에서 신설된 무선통신표준화 부문(ITU-R)은 종전의 국제주파수등록위원회(IFRB: International Frequency Registration Board)와 국제무선통신자문위원회(CCIR: International Radio Consultative Committee)의 기능을 대부분 계승하였고, 신설된 전기통신표준화 부문(ITU-T)은 종전의 국제전신전화자문위위원회(CCITT: International Telegraph and Telephone Consultative Committee)와 CCIR의 일부 기능을 계승하였다. 그리고 전기통신개발 부문은 범세계적 전기통신의 균형적 개발 및 개발도상국에 대한 기술 지원 및 협력 기능을 수행한다.

ITU는 현존하는 국제기구 중에서 가장 오랜 역사를 가진 기구이며 본부는 스위스 제네바에 있다.

2) 국제표준화기구(ISO)

국제표준화기구(ISO: International Organization for Standardization)는 전기 · 전자를 제외한 모든 분야의 국제표준화를 추진하는 기구로서, 적게는 공업용 볼트, 너트의 규격에서부터 통신의 프로토콜에 이르기까지 다양한 표준을 추진하고 있는데, 이는 국제적으로 통일된 표준을 바탕으로 상품과 서비스의 교역을 촉진하고 과학 · 기술 · 경제 전반의 국제 협력 증진을 목적으로 하고 있기 때문이다.

ISO는 1926년에 각국의 주요 표준화 단체에 의해 결성된 ISA(International Federation of National Standardizations)의 업무를 계승하여 1947년에 설립된 비조약기구로 정부의 연합체는 아니지만, 각국을 대표하는 1개의 표준화 기관만이 의결권을 갖는 회원이 될 수 있고, 기타 기관은 옵서버로 가입할 수 있다.

ISO는 ITU와 긴밀한 연락 관계를 유지하면서 전기통신표준화에도 참여하고 있는데, 1960년 TC 97(컴퓨터 및 정보처리기술위원회)을 설치하여 데이터통신과 정보처리 분야의 국제표준화를 추진하였으며, 이에 대한 가장 대표적인 업적으로 개방형 시스템 간 상호접속(OSI) 모델의 표준이다. 하지만 1987년 ISO의 TC 97과 국제전기표준회의(IEC)의 TC 83(정보기기)의 활동 분야가 중복되는 점을 고려하여 이들 두 전문위원회를 합병하였다. 따라서 합병된 이 위원회를 ISO/IEC JTC 1(ISO/IEC Joint Technical Committee One)이라고 하고, 여기에서 정보기술 분야 국제표준화를 합동 관리하고 있다.

3) 국제전기기술위원회(IEC)

1904년 미국 세이트루이스에서 개최된 국제전기회의에서 전기기기의 용어와 규격에 관한 표준화의 필요성이 대두되어 1908년 영국 런던회의에서 13개국이 참가하여 국제전기기술위원회(IEC: International Electronical Commission)를 발족시켰다.

IEC는 현재 전기통신, 전자, 전력 등 전기기술관련 국제표준화를 진행하고 있으며, 전문 분야별로 기술위원회(TC), 분과위원회(SC) 또는 작업그룹(WG)을 설치하고, IEC 국제표준(IEC Publication)을 작성, 발표하여 각국에서 국가표준을 정할 때에 통일된 표준을 정하도록 권고하고 있다.

IEC도 ISO와 마찬가지로 각국을 대표하는 표준화 기관으로 구성된 국제단체로서 의결권을 갖는 회원은 1국가 1단체 또는 기관으로 국한되어 있으며, IEC 국제표준은 현재 약 3,000건에 달하고 있다. 1961년 TC 83(정보기기) 등을 설치하여 정보기술 분야의 표준화를 추진해 왔으나, ISO의 TC 97(컴퓨터와 정보처리)의 활동 분야와 중복되는 점을 감안하여 두 TC를 합병한 ISO/IEC JTC 1을 설치하였다.

4) 한국정보통신기술협회(TTA)

한국정보통신기술협회(TTA: Telecommunication Technology Asso-ciation)는 전기통신방식, 통신절차, 접속 등의 국내 표준 작성 및 보급과 국내외 표준화 조사 및 연구, ISO나 ITU의 국제연구단 구성 및 운영, 국제표준화 관련 기관과의 협력 등의 전기통신관련 표준화 활동을 수행하기 위해 1988년 설립된 재단법인으로서 1997년 이 명칭으로 변경하였다.

5) 미국표준협회(ANSI)

미국표준협회(ANSI: American National Standard Institute)는 직접 표준을 개발하지는 않으나, 미국에서의 권고표준(Voluntary Standards: 준수할 의무는 없으나, 국가 또는 표준화 단체가 제정하여 이의 준수를 권고하는 표준) 활동을 관리·조정하고, 주요 규격 작성 기관이 제정한 규격 중 표준의 적합성 여부에 따라 미국 국가표준으로서의 승인 여부를 결정하는 비영리 민간단체이다.

ANSI는 국제표준기구인 ISO/IEC의 공식적인 미국 대표로 활동하며, 미국의 국가표준이 국제표준으로 제정되도록 노력하고 있다. 또한 ANSI는 주로 통신과 네트워킹 분야와 관련한 국제표준과 미국 국내 표준을 개발하는 데 주력을 하고 있다. ANSI의 규격이나 원안은 ISO의 초안으로 채택되는 경우가 많으며, ISO로부터 초안 작성을 위촉받는 경우도 있다.

6) 미국전자공업협회(EIA)

1924년 RMA(Radio Manufacturers Association)라는 명칭으로 발족하여 1957년에 미국전자공업협회(EIA: Electronic Industry Association)로 개칭한 EIA는 미국의 전자기기 제조업체를 대표하는 업계 단체로서 폭넓은 분야의 표준화와 표준의 보급 활동을 전개하고 있으며, 특히 정보통신 분야에서는 주로 물리매체의 인터페이스에 관한 표준안을 제정하여 EIA-RS(Recommendation Standard)라는 이름으로 공표하고 있다. 가장 잘 알려진 표준으로는 단말장치와 모뎀 간의 인터페이스를 규정한 RS-232-C 등이 있으며, RS-232-C는 현재 ANSI/EIA 232-D로 개정되었다.

7) 미국통신산업협회(TIA)

미국통신산업협회(TIA: Telecommunication Industry Association)는 1988년 미국전화공급자협회와 미국전자공업협회(EIA)의 정보통신기술그룹(ITG)이 합병하여 설립된 협회로 EIA의 전기통신부로서 활동하고 있다.

TIA 특징으로는 북미 방식의 이동통신 표준을 담당하고 있는데, 대표적인 표준으로는 현재 우리나라에서 사용하고 있는 CDMA 방식의 표준인 IS-95를 들 수 있다.

8) 미국전기전자학회(IEEE)

미국전기전자학회(IEEE: Institute of Electronical and Electronics Engineers)는 1884년에 설립된 미국전기학회(AIEE: American Institute of Electronical Engineers)와 1912년에 설립된 무선학회(IRE: Institute of Radio Engineers)가 1963년 합병하여 현재의 명칭과 조직으로 설립된 미국 최대의 학회로서 미국뿐만 아니라 전 세계 각국의 학자와 전문기술자 등 수십만 명이 가입하고 있는 세계 최대의 전기, 전자, 전기통신, 컴퓨터 분야의 전문가 단체이다.

IEEE는 기술논문의 발표와 토의를 위한 회의 개최, 기관지와 논문지 발간, 회원의 전문적인 요구에 부응하기 위한 정보서비스의 제공 등 다양한 활동을 전개하고 있으며, 또 IEEE 산하에는 통신학회(IEEE Communications Society), 컴퓨터학회(IEEE Computer Society) 등 수십 개의 분야별 학회가 있어 이들 산하 학회의 하부 기술 위원회를 통하여 주요 활동이 이루어지고 있다.

9) 인터넷공학테스크포스(IETF)

인터넷의 표준규격을 개발하고 있는 인터넷아키텍처위원회(IAB: Internet Architecture Board) 산하 조직인 IETF(Internet Engineering Tast Force)는 인터넷 자체, 인터넷의 운영 및 관리 그리고 인터넷 관련 기술의 공학적인 측면과 기술적인 측면의 쟁점 등을 해결하는 것을 목적으로 망 설계자, 관리자, 연구자, 망 사업자 등으로 구성되어 자생적으로 만들어진 그룹이다.

IETF는 TCP/IP와 같은 인터넷 운영 프로토콜의 표준을 정의하는 주체로서 기술적인 분야별로 40개가 넘는 그룹으로 구성되어 있으며, 최근 인터넷의 중요도가 증가함에 따라 관심이 증가되고 있는 인터넷 관련 사실상 표준(De Facto Standard)을 제정하는 최고 권위의 국제표준화 단체로 인정되고 있다.

10) 유럽전기통신표준협회(ETSI)

유럽지역 정보통신관련 분야 표준화 기구인 유럽전기통신표준협회(ETSI: European Telecommunications Standards Institue)는 1988년 유럽공동체(EC) 집행위원회의 결정에 의해 유럽시장 단일화에 따른 정보통신관련 분야의 표준 제정을 촉진하고, 회원사의 요구에 부응하는 기술표준을 개발하며, 세계정보통신표준의 제안 및 촉진에 기여함과 동시에 세계표준의 사전구축을 목표로 설립되었다. ETSI는 종전에 유럽우편전기통신주관청회의(CEPT: Conference of European Postral and Telecommunications Administration)에서 수행하던 표준화 기능과 조직을 모체로 하여 설립된 기구로서 표준화 활동영역은 정보기술, 통신, 방송 등 정보통신 전 분야를 포괄하고 있으며, 정보기술 및 방송 분야의 표준화는 유럽 내 타 표준화 기구인 유럽표준위원회(CEN)와 유럽전기표준회의(CENELEC) 그리고 유럽방송연합(EBU: European Broadcasting Union)과의 협력을 통하여 추진하고 있다.

ETSI에서 제정된 대표적인 표준으로 유럽의 이동통신시스템은 GSM(Global System for Mobile Communication)을 들 수 있고, 고정통신망 분야 표준으로 ISDN(Integrated Service Digital Network)을 들 수 있다.

3. 정보통신과 국제기구

3.1 정보통신관련 국제기구의 역할

정보통신기술의 급격한 발전과 정보통신을 둘러싼 제반 환경의 혁신으로 인하여 경제, 사회, 문화 등 제반 분야에 걸쳐, 개인부터 지역공동체, 국가수준에 이르기까지 광범위하고 혁명적이라고까지 할 수 있는 변화의 와중에 있으며 국제기구 역시 이에 예외가 될 수는 없는 상황이다. 이러한 변화들은 일면 국제기구에 대해서 긍정적인 효과도 부여하고 있다. 즉 지리적, 정치적 국경의 개념이 약화되고 많은 관련 문제들이 국제적, 최소한 지역적인 성격을 가지게 됨으로써 이러한 문제들을 논의하고 해결할 장으로 국제기구가 다시 주목받게 된 것이다. 그러나 현재 국제기구가 당면한 과제의 심각성은 대부분의 국가들이 이러한 변화와 도전에 직면하여 어떻게 대응하는가에 따라 향후 그 국가가 도약할 것인가, 쇠락할 것인가가 결정될 것이라는 인식과 유사하다고 할 수 있다. 즉 국제기구 역시 이러한 변화와 도전에 대해 어떻게 대처하는가에 따라 향후 존속이 가능한가가 결정될 것이라는 것이다.

ITU, APT 등과 같은 정보통신국제기구는 원활한 국제통신을 위한 국가 간 협력을 위하여 설립되었으며 이후 통신기술 및 환경의 변화에 따라 서서히 목적과 활동이 확대되고 또 진화되어 왔다. 1980년대 이전까지의 국제환경은 이러한 제한적인 조정과 적응만으로도 자신의 지위와 위상을 유지할 수 있었다. 그러나 최근의 급격한 환경변화는 점진적인 개선이나 적응으로는 수용할 수 없을 만큼 급격하고 엄청난 규모로 이루어지고 있다.

첫째, 가장 중요한 변화 및 도전은 "정보통신 부문에 있어서의 중심이 되는 'Actor'가 더 이상 정보통신을 관장하는 정부나 독점적 국영통신사업자가 아니라 민간사업자들이 된 상황에서 기존의 개별국가의 정부를 중심으로 구성된 국제기구가 어떻게 생존해 나갈 수 있을 것인가."이다.

국제기구의 구성원들은 더 이상 정부 및 정부가 소유하고 있는 국영통신사업자에 한정되지 않으며 오히려 민영화된 통신사업자, 신규통신사업자, 통신장비업체, 연구소 및 기타 기관의 비중이 증대되고 있다. 이러한 양적인 비중보다 질적인 면에서의 중요성은 더욱 크다고 할 수 있다. 정보통신 부문의 규제완화, 민영화로 인하여 정책 부문과 사업 부문이 분리되고 국제기구들이 이러한 변화에 대해서는 충분히 인식하고 있으나 기본적으로 정부 간 기구로서의 성격과 목적을 어떻게 유지할 것이며 기구의 공익적 목표를 어떻게 달성할 것인가와 어떻게 민간 부문으로부터의 수요를 수용하고 구성원 간의 형평성을 유지할 것인가의 해결책을 도출하는 데는 어려움을 겪고 있다. 하지만 이에 적절히 대응하지 않거나 지체될 경우 민간 부문 회원들의 국제기구로부터의 이탈을 막을 수 없을 것이며 이는 국제기구의 입지 약화, 재정적 기반의 취약화 등으로 귀결되게 될 것이다.

둘째, "정보통신이슈의 중요성 증대, 정보통신기술의 발전에 따른 통합의 진전 및 경쟁적 민간협력의 증대 등으로 인하여 정보통신국제기구가 더 이상 독보적 지위를 유지하는 것이 어렵다."는 것이다.

정보통신은 일국의 국가경쟁력을 결정하는 주도적 산업으로 자리 잡았으며 경제, 사회, 문화 전반에 대해 큰 영향력을 행사하고 있다. 이로 인하여 정보통신 전문 국제기구가 아닌 포괄적 협력체에서도 정보통신을 중요 의제로 다루거나 주요 프로젝트로 채택하고 있는 상황이다. 우선 G8은 이미 GII와 관련하여 주도적인 역할을 하였으며 오키나와선언을 통하여 정보격차에 관해서도 이니셔티브를 취한 상태이다. ITU의 모기구라고 할 수 있는 UN의 경우도 정보격차, ICT 기술을 중요 의제로 다루고 있다. 이러한 상황은 ITU 등 정보통신 국제기구들이 그들의 활동의 초점을 기술적인 부문에서 맞추던 것에서 정책적인 부문으로 확대, 전환하게 된 데도 일정 부분 기인한다고 할 수 있다.

급격한 기술의 발전과 시장환경 변화에 따라 정보통신국제기구의 관할이 모호해졌다는 것도 당면하고 있는 문제이다. 기존의 전기통신으로 규정되었던 분야들을 넘어선 지는 이미 오래이며 새로운 기술에 기반한 신서비스의 등장, 인터넷의 급성장, 무선통신 부문의 비중 증대, 통신과 방송의 융합 등과 같은 현상으로 인하여 정보통신 국제기구의 역할을 어디까지 확대하고 어떻게 명확히 해야 하는지가 요구되고 있다. 동일한 맥락에서 WTO, WIPO, 기타 민간 협력체와 같은 경쟁적 국제기구의 등장도 기존의 정보통신 국제기구에 있어서는 심각한 도전이다. 통신서비스가 교역의 대상으로 간주되어 WTO 차원에서 논의가 이루어지고, 저작권, 인터넷 등과 같은 새로운 관련 이슈들을 논의하는 국제적인 논의의 장이 설립되어 ITU의 입지가 취약해지고 역할이 모호해지는 상황에 이르게 되었다.

또한 민간 부문으로부터의 도전도 간과할 수 없는 상황이다. ITU가 중심이 되어 있는 표준화 논의의 경우 이미 많은 민간업체들이 기술의 발전이나 시장의 속도에 비해 너무 지체되고 있다는 불만을 제기한 바 있으며 현재 ITU의 많은 잉여수입을 제공하고 있는 TELECOM 사업 등도 훨씬 효율적이고 시장에 즉각적으로 반응할 수 있는 민간업체들로부터의 도전을 받는 상황이다.

셋째, "새로운 도전에 효율적으로 대처하기 위해서는 현재 국제기구에 내재되어 있는 문제점들이 우선 해결되어야 한다."라는 것을 들 수 있다. 국제기구가 가지고 있는 내재적인 문제는 방만한 운영, 느린 정책결정과정, 비효율적 관리, 관료적 시스템 등으로 나타나고 있다. 재원의 대부분을 정부 및 부문회원의 분담금으로 충원되는 국제기구가 방만하게 운영된다면 회원의 입장에서는 매우 불만을 가질 수밖에 없으며 특히 상업적 이익에 기반하고 있는 민간 부문에서 볼 때 이는 수용하기 어려운 것이라고 할 것이다. 정책결정자의 정책의지에 따라 이러한 내부적인 개혁이 단시간 내에 추진되는 개별국가나 기업과는 달리 국제기구는 이러한 개혁의 결정, 논의, 승인과정 역시 시간이 소요된다는 점에서 이를 위한 새로운 기제가 필요하다고 할 수 있다.

그러나 현재 국제기구의 운영과 관련하여 가장 중요한 장애요인은 이러한 운영상의 문제라기보다는 국제기구의 기본적인 성격에 기인한 것이라고 할 것이다. 범세계적인 국제기구이거나 지역적 기구이거나 그 구성원은 다양한 발전단계에 있는 국가들로 구성된다. 같은 이해관계를 가진 국가들 간의 협력 및 협의체가 아닌 상이한 발전단계의 상충적인 이해를 가진 국가들이 모여 논의를 하는 상황에서 통일되고 조화로운 정책 및 활동방향을 수립하는 것은 매우 어렵다고 할 것이다. 즉 개발도상국이나 저개발국들은 국제기구가 개발도상국의 발전을 지원하고, 그들의 이익을 보호해

줄 기구로 남기를 바라고 있으며 이러한 국가들은 대부분 민영화나 자유화의 상황에서도 아직 정부의 영향력이 큰 나라들로 국제기구에서 민간 부문의 비중이 커지는 것에 대해 우려를 나타내고 있다. 반면에 선진국들은 국제기구를 통하여 자국의 기업들에 우호적인 통신시장 환경을 구축할 수 있는 원칙 또는 규범을 도출하고자 하고 있다고 할 수 있다. 이러한 문제는 정보통신 부문에 국한된 것은 아니며 다른 모든 국제기구에서도 유사하게 나타나는 문제라고 할 수 있다.

3.2 정보통신 보호관련 국제적 논의

정보화가 진전되면서 통신·금융·국방 등 주요 사회기반시설의 정보통신시스템에 대한 의존도가 심화되고 있다. 아울러 전 세계가 인터넷으로 연결됨에 따라 해킹, 컴퓨터 바이러스 유포 등 전자적 침해행위가 심지어는 국가안보를 위협하는 요소로 등장하고 있다. 주요 정보통신시설의 교란이나 마비는 사회기반시설의 기능을 붕괴시킬 가능성이 있고 막대한 경제적 손실을 야기할 수 있다. 이에 따라 여러 선진국은 물론 국제기구에서는 전자적 침해행위로부터 주요 정보통신 기반을 보호하기 위해 상호 협력 활동을 활발히 전개하고 있다. EU, NATO, OECD, UN 등 여러 국제기구들의 주요 정보통신 기반보호를 위한 활동 현황은 다음과 같다 (윤재석, 박광진 2006).

3.2.1 유럽연합(European Union)

유럽연합은 주요 정보통신 기반시설보호에 있어 각별한 관심을 가져왔다. 정보통신 기반시설보호와 더불어 정보사회, 정보보호 등과 같은 문제들을 주요한 이슈로 인식하여 이에 대해 다양한 측면에서 연구하고 있는데, 예를 들어 시민사회, 산업, 보건, 그리고 통신산업 등에 대한 영향 등에 대해 심도 있는 연구들을 진행하고 있다. 이를 위해 유럽연합은 eEurope Action Plan, Information Society Technologies Research, eContent, eSafety, the Internet Action Plan 등과 같은 프로그램을 추진해 왔다.[1] 유럽연합에서 시행한 주요 프로그램에 대해 간략히 살펴보면 다음과 같다.

1) 전자유럽 2002 계획(eEurope 2002: An Information Society for All)

이 프로그램은 1999년 12월에 시작되었으며, 유럽 지역의 경제를 부흥시키고자 취한 유럽연합의 주요 활동 중의 하나이다. 유럽연합은 이의 행동지침을 'eEurope 2002 Action Plan'으로 구체화하였다. 이 계획은 11가지의 주요 활동방침을 나타낸다.[2]

정보사회라는 화두가 점점 더 중요한 이슈로 부각됨에 따라, 유럽연합은 주요 정보통신 기반시설에 대한 안전성 확보가 중요한 문제임을 깨닫게 되었다. 즉 완전한 정보사회의 실현은 보안문제가 해결되지 않고서는 달성되지 않는다는 점을 인식하게 된 것이다. 이를 위해 유럽연합은 인터넷에 대한 보편적 접근의 중요성을

---

1) http://europa.eu.int/information_society/index_en.htm

2) http://www.e－europestandards.org

강조하면서도 해킹과 바이러스 등과 같은 네트워크 침입에 대한 대응책을 모색하게 되었다.

주요 정보통신 기반보호와 더불어 정보보호는 '차세대 인터넷(Next Generation Internet)'을 구현하기 위한 유럽연합의 주요 요소가 되었다. 이에 따라 정보보호는 이후 추진하게 되는 'eEurope 2005' 계획의 우선순위에 오르게 되었다.

'eEurope 2005' 계획의 목표는 전자정부, 온라인 교육, 온라인 보건 서비스, 온라인 비즈니스 환경을 초고속 인터넷을 활용하여 적정한 가격에 제공하는 것인데, 정보보호 요소의 보완을 통해 안전한 정보통신 기반환경을 구축한다는 것이다.

2) 전자유럽 2005 계획(e - Europe 2005: An Information Society for All)

'e - Europe 2002' 계획에 이어 유럽연합은 'e - Europe 2005: An Information Society for All'의 수행계획을 2002년 6월 마련하였다. 유럽연합은 정보보호 문제가 단순히 기술적인 이슈만은 아니라는 사실을 깨닫게 되었다. 즉 정보보호는 인간의 행위 양식과 위협에 대한 인지, 그리고 이러한 위협에 대처하는 방식에 따라 좌우되는 문제라는 것을 알게 된 것이다.

이에 따라 유럽연합은 정보보호의 사회적, 정치적 측면을 강조하게 되었고, 프라이버시, 시민권리(Civil Rights), 법집행(Law Enforcement), 국제무역, 국토방위 등과 같은 다양한 영역에 걸쳐 정보보호 요소를 강조하게 되었다. 즉 주요 정보통신 기반에 대한 보호는 다양한 주체(공공, 민간, 개인)와 기술 및 사회, 정치적 면을 포함한 다차원적인 접근이 필요하다는 것에 주안점을 두게 되었다.

'e-Europe 2005' 계획의 수행을 위해 유럽연합은 여러 가지 활동을 추진하였는데, 이 중 하나는 유럽연합 사이버 범죄 포럼(EU Forum on Cybercrime)의 설립이었다. 이 포럼은 유럽연합 내 국가들의 보안에 대한 모범사례(Best Practice)를 발굴하여 시민들의 정보보호 인식을 제고하고, 컴퓨터 관련 범죄행위에 대한 대응책 마련과 침해사고 등에 대한 조기 경고 및 위기관리체계의 구축을 목표로 하고 있다.[3]

2001년 6월, 유럽의회는 '네트워크와 정보보호: 유럽정책제안(Network and Information Security: Proposal for a European Policy Approach)'이라는 보고서를 통해 유럽표준화단체(European Standardization Bodies)들에 이러한 활동의 발전을 위한 노력을 기울이도록 권고했다.[4]

아울러 유럽표준위원회(CEN: the European Committee for Standardization)와 유럽정보통신표준연구소(ETSI: the European Telecommunications Standards Institute)의 공동 기구를 2001년 10월 설립하여 네트워크 및 정보보호 권고안을 발표하였고, 지난 2003년 7월 관련 작업을 마무리하였다.

3) 유럽네트워크정보보호원(ENISA) 설립

지난 2003년 2월 11일 유럽의회는 ENISA(유럽네트워크정보보

---

3) http://cybercrime-forum.jrc.it/default

4) http://www.etsi.org/frameset/home.htm?/public-interest/Network_Informa
   tion_Security.htm

38

호원, European Network and Information Security Agency) 설립
안을 발표하였다. ENISA를 법인으로 설립하는 결정이 2003년 6
월에 내려짐에 따라 유럽연합은 정보보호에 대한 유럽 국가들의
협력을 보다 적극적으로 이끌어 낼 수 있게 되었다. 이 기구는 정
보보호에 대한 데이터 수집 및 분석 기능을 수행하고, 유럽연합
국가들에 전문기술과 경험을 제공한다. 아울러 ENISA는 주요 관
련 기관의 조정역할을 수행하여 정보보호 표준화 활동을 통해 네
트워크와 정보시스템의 연동을 조화시키는 역할을 담당한다.
ENISA는 2004년 1월부터 활동을 시작하고 있으며, 향후 국제적
인 수준에서 주요 정보통신 기반보호를 위한 중요한 역할을 담당
할 것으로 기대되고 있다.

4) The Sixth Framework Program(FP6) IST

유럽연합의 6대 프레임워크 프로그램(FP6) 내에서 정보사회기술
(IST: Information Society Tech – Nologies)의 전반적인 목표는
2000년 리스본의회, 2001년 스톡홀름의회, 2002년 세빌의회에서
합의되고 eEurope 행동계획에 반영되어 있는 지식사회로의 발전을
위한 유럽의 정책을 실현하는 것이다. FP6 내에서 IST의 역할은
지식경제의 중심인 기술의 개발에 있어서 유럽의 리더십을 고양하
는 데 있다. 이를 위해 IST는 eEurope 2005 계획을 달성하기 위
한 관련 연구를 수행하였다. IST FP6의 전략목표는 '전 세계 의존
성 및 보안 프레임워크', '의미론 기반의 지식 시스템(Semantic –
Based Knowledge System)', '네트워크화된 기업과 정부', '도로
및 항공운항에서의 보안', '전자의료', '인지 시스템', '임베디드 시

스템’, ‘위기관리 향상’ 등이다.

FP5에서 프로젝트들의 주안점은 주로 기술적인 이슈들에 맞추어져 있는 반면 주요 정보통신 기반보호의 사회적인 측면(예를 들어 윤리적 문제 등)은 거의 논의되지 않거나 전략목표에서 다분히 과소평가된 면이 있다.

3.2.2 서방 8개국 정상회담(G8)

1995년 이후 G8은 사이버 범죄와 정보사회, 주요 기반보호 등과 같은 문제들에 관심을 기울이게 되었다. 1995년에 캐나다 핼리팩스(Halifax)에서 개최된 정상회의에서 조직범죄에 대응하기 위한 국제적 합의를 평가하고 검토하기 위해 전문가 그룹이 결성되었다. 이 전문가 그룹은 폭넓은 논의를 통해 40여 개의 권고안을 제출하였는데, 이는 1996년 리용에서 개최된 회의에서 승인되었다. 이 회의는 최첨단 범죄의 심각성을 인식한 첫 번째 국제적 행사였다고 할 수 있다. 이를 통해 각국은 주요 정보통신 기반보호에 관심을 기울이게 되었다.

주요 정보통신 기반보호에 대한 인식을 제고하는 중요한 계기는 2000년 5월 G8 국가들의 정부관리와 민간 부문의 참가자들이 참석하여 ‘G8 사이버 공간의 보안과 신뢰에 대한 공공기관 및 민간 부문 대화’라는 명칭으로 파리에서 개최된 컨퍼런스였다. 이 컨퍼런스의 목적은 인터넷을 이용한 범죄 등 최첨단 범죄와 관련된 문제점과 그 해결책을 도출하는 것이었다. G8 회원 국가들은 정보통신기술(ICT: Information Communication Technology)의 불법적인 이용에 대처하기 위해 정부와 민간 부문이 적극 협력해야 한다는 데 인식을 같이하고, 사이버 범죄를 방지하기 위한 투명한 절차를 마련하기로 합의하였다.

1) 글로벌 정보사회 오키나와 선언

2000년 7월 발표된 글로벌 정보사회 오키나와 선언은 정보통신 기술이 21세기를 이끌어 나가는 주요한 동인(動因) 중 하나이며, 이것이 사회적·경제적 문제들을 효율적으로 해결할 수 있는 잠재력이 있다는 점을 강조하였다. 이 선언에서 나타난 주요 원칙 중 하나는 지식사회를 건설하기 위해서 사이버 공간의 안전을 위한 전 세계적인 협력이 필수적임을 강조한 것이다. 이러한 면은 OECD에서 정보보호 문화운동의 전 세계적 전개를 촉구하고 있는 점과 일맥상통한다고 할 수 있다.

2) 주요 정보통신 기반보호를 위한 G8 원칙

G8 회원국들은 주요 정보통신 기반보호를 집중적으로 논의하기 위해 2003년 파리에서 다자간 회의를 처음으로 개최하였다. 이 회의에는 8개국 전문가들과 주요 정보통신 기반시설 운영자(예: 프랑스의 France Telecom)들이 주요 정보통신 기반보호를 위한 공통의 원칙을 도출하기 위해 한자리에 모였다. 이를 통해 합의된 주요 정보통신 기반보호를 위한 원칙은 정보네트워크의 구축, 주요 정보통신 기반보호 및 상호 의존성에 대한 인식 제고, 공동협력 촉진, 위기 대응 네트워크의 유지·관리, 침입 추적의 활성화, 교육 및 훈련, 적절한 법제도 및 훈련된 요원의 양성, 국제적 협력, 관련 연구의 진흥 등이다.

이러한 원칙하에, G8 국가들은 새로운 '정보보호 문화(Security Culture)' 환경을 조성하여, 국제 협력 활동을 강화하고 적절한 적용 사례들을 발굴하여 유사한 비상상황 발생 시 공동대응이 가능토록 할 것을 촉구하고 있다. 아울러 다른 국가들도 이러한 문제점을 인식하고 공동의 대응 협력 활동이 가능토록 해야 함을 강조하였다.

3.2.3 북대서양조약기구

북대서양조약기구(NATO: North Atlantic Treaty Organization)에서 발표한 민간비상계획(Civil Emergency Planning)에는 기반보호를 위한 몇 가지의 주요 지침이 포함되어 있는데, 그 상급단체인 고위민간비상계획위원회(SCEPC: the Senior Civil Emergency Planning Committee)는 주요 기반시설에 대한 공격으로 인해 발생할 수 있는 문제점들을 구체적으로 논의할 필요가 있다는 점을 언급하였다.

또한 고위민간비상계획위원회는 계획이사회 및 위원회(PB&Cs, the Planning Boards and Committees)로 하여금 주요 기반시설에 대한 일반적인 측면은 물론 이러한 시설이 없다면 어떠한 문제점들이 야기되는지에 대해 연구하도록 하였다.

1) 민간통신계획위원회

북대서양조약기구 내 민간통신계획위원회(CCPC: Civil Communication Planning Committee)는 공공 부문과 민간 부문의 정보통신망 기반, 서비스, 관련 시설, 우편서비스 등에 대한 검토 및 계획 수립 등 비상상황 발생 시를 대비한 전반적인 사항에 책임을 진다. 아울러 새로운 기술의 개발과 국가법률, 그리고 이 분야의 국제기구의 역할을 고려한 국가수준의 권고안 작성을 그 임무로 한다.

2) 민간보호위원회

2001년 민간보호위원회(CPC: Civil Protection Committee)는 주요 기반보호와 관련된 이슈들을 전담하는 Ad Hoc 그룹(AHG)을 설치하였다. 이 조직의 주요 임무 중 하나는 주요 기반시설에 대한 조사 및 위험에 대해 어떻게 구조적으로 대처할 수 있는지 조사하여 민간보호위원회에 보고하는 것이다. 일차적으로 조사된 내용은 2002년 10월 동 위원회 및 고위민간비상계획위원회에 보고되었다. 이어서 민간보호위원회는 주요 기반에 대한 개념을 정의하였고 이는 다시 2002년 11월 고위민간비상계획위원회에서 승인되었다.

2003년 9월, 민간보호위원회는 Ad Hoc 그룹에서 조사한 연구보고서를 승인하였는데, 이는 주요 기반보호 개념과 민간비상계획과의 연관성을 설명하는 것이었다. 이 보고서는 또한 민간보호위원회에서 실시하고 있는 여러 사업에 대한 방향과 단기적, 중장기적 로드맵을 제시하였다. 2003년 11월 고위민간비상계획위원회는 민간보호위원회 Ad Hoc 그룹에서 작성한 이 보고서를 승인하였다.

3) 기타 위원회

북대서양조약기구의 기타 주요 기반보호관련 위원회는 산업계획위원회(IPC: Industrial Planning Committee), 식·농업계획위원회 (Food and Agriculture Planning Committee), 민간항공계획위원회 (Civil Aviation Planning Committee) 등이 있다.

각 위원회는 부문별 주요 기반시설에 대한 정의와 그 범위, 그리고 효율적인 보호 방안에 대한 작업을 진행하고 있다. 그러나 전체적인 조정과 협력 범위의 지정은 고위민간비상계획위원회에서 이루어지며 아울러 계획이사회 및 위원회(PB&Cs) 위원들은 정기적인 회합을 통해 상호 협력 방안을 논의하고 있다.

3.2.4 경제협력개발기구

OECD(Organization for Economic Cooperation and Development)는 최근 주요 정보통신 기반보호 이슈에 대해 많은 관심을 기울이고 있다. 사이버 범죄에 대응하기 위한 OECD의 방침은 두 가지 방향에서 고찰해 볼 수 있다. 첫째는 회원국 간 결의 및 권고안을 제정하여 각국 정부 및 기업들이 효율적으로 대처할 수 있는 기반을 조성하는 것이다. 이의 일환으로 각종 문서와 통계자료 제공을 통해 회원국의 정보통신 기반보호에 대한 인식의 제고를 꾀하고 있다.

회원국 간에는 안전하고 신뢰할 수 있는 정보통신 기반환경을 마련하는 것이 전자상거래와 개인정보보호 등을 위한 필수 조건이라는 인식을 공유하고 있다. OECD의 정보보호작업반(WPISP: Working Party in Information Security and Privacy)은 신뢰할 수 있는 온라인 환경을 조성하기 위해 이 분야의 정책방안 도출에 있어 전 세계적인 접근을 중요시하고 있다. 더불어 정보통신정책위원회

(ICCP: the Committee for Information, Computer and Communi- cations Policy)는 전자경제(e-Economy), 정보통신 기반, 정보사 회 등과 관련된 광범위한 정책적 틀을 제시하여 분석하고 있다.

1) OECD 정보보호 시스템과 네트워크 지침

정보보호 문화운동 9·11 이후 주요 정보통신 기반보호에 대한 OECD의 정책방향은 전환점을 이루게 된다. 사이버 테러, 컴퓨터 바이러스, 해킹 등에 더욱 적극적으로 대처하기 위해 OECD는 새 로운 지침을 발표하였는데, 이는 '정보보호시스템과 네트워크 지 침: 정보보호 문화운동(OECD Guidelines for the Security of Infor- mation Systems and Networks; Towards a Culture of Security)' 으로 2002년 7월 채택되었다. 이 지침은 정부, 기업, 이용자들의 '정보보호 문화'를 배양시키기 위해 작성된 것이다.

물론 이 지침이 구속력을 가지는 것은 아니지만 이는 OECD 회 원국 정부, 기업, 이용자 단체 등의 광범위한 의견을 수렴한 것으 로 포괄 범위가 매우 넓다고 할 수 있다. OECD는 비회원국의 적 극적인 참여를 독려하고 있으며, 이를 통해 인식을 공유하고 주요 정보통신 기반보호를 위한 통일된 접근을 취하도록 유도하고 있다.

2003년 12월 OECD는 정보보호 문화운동을 전 세계적으로 확 대하기 위한 작업의 일환으로 30개 회원국이 참여하는 웹사이트를 개설하였다. 이 사이트는 회원국은 물론 비회원국들에 정보 교환 창구 역할을 담당하여 정보보호 문화환경을 조성하는 첫걸음이 되 고 있다.

2) OECD Global Forums

주요 정보통신 기반보호를 위해 OECD는 APEC과 공동으로 디지털경제 정책방향 글로벌 포럼(OECD-APEC Global Forum on Policy Frameworks for the Digital Economy)을 2003년 1월 호놀룰루에서 개최하였으며, 정보시스템 및 네트워크 보안 글로벌 포럼(OECD Gobal Forum on Information Systems and Network Security)을 2003년 10월 오슬로에서 개최하였다. 호놀룰루에서 개최된 포럼에서는 정보시스템과 네트워크 보안의 중요성을 강조하였으며, 아울러 OECD 정보보호 지침에 대한 실질적인 이행의 필요성도 집중적으로 논의되었다. 또한 2003년 12월 스위스 제네바에서 개최된 세계정상회의(WSIS: World Summit Information Society)에 대비하여 관련 이슈에 대해 준비하기로 하였다. 다수의 APEC 회원국들도 오슬로 회의에 참가하였는데, 이는 호놀룰루에서 OECD와 APEC 간 협력 활동을 확대하기로 한 합의에 따른 것이다. 이 회의는 주요 정보통신 기반보호를 위한 국가 간 협력 활동의 중요한 진전 사항 중 하나라고 할 수 있다.

3.2.5 국제연합(UN)

1980년대 이후 UN의 기구들은 주요 정보통신 기반보호와 관련된 이슈들을 논의해 오고 있다. 그러나 공식적인 주요 정보통신 기반보호를 위한 노력은 최근에 두드러지게 나타나고 있다. UN(United Nations)이 추진하는 사업 가운데, 무가감축연구소의 사이버 공격 방지를 위한 노력, UN 결의안과 주요 정보통신 기반보호에 중점을 둔 UN 태스크포스의 설립이 대표적인 예이다.

1) 국제연합 무기감축연구소

1999년 7월 국제연합 무기감축연구소(UN Institute for Disar-mament Research) 주최로 제네바에서 개최된 워크숍의 주요 주제는 디지털 환경에서 정보보호 수준을 끌어올리기 위한 방법을 모색하는 것이었다. 여기서는 정보시스템 및 네트워크 공격 기술 등과 같은 주제들이 논의되었다. 참가자들 사이에는 국가 단위와 국제적 정보기반에 대한 사이버 공격이 증가하고 있으며 이에 적극적으로 대응하기 위한 국제적 협력 활동이 필요하다는 데에 인식을 같이했다. 결론 중 하나는 주요 정보통신 기반보호의 이슈는 단순히 군사적으로 의미를 가지는 것이 아니라, 정치적, 경제적, 사회적 문제라는 것이다. 따라서 국가 간은 물론 공공 부문과 민간 부문의 협력 활동이 중요하다는 점이 다시 한 번 제기되었다.

2) ICT 관련 국제연합 결의안(UN Resolutions about ICT)

2000년 12월 개최된 제55회 UN 총회에서 '정보기술 오남용 대응(Combating the Criminal Misuse of Information Technologies)'이 발표되었다.[5] 이 결의안에서 UN은 국가 간 그리고 공공 부문과 민간 부문의 협력을 다시 한 번 강조하였다. 이 결의안에서는 또한 유럽의회의 사이버 범죄 조약에 대한 언급과 국제 환경에서 G8의 활동을 중요한 이정표로 평가하였다.

---

5) http://ods－dds－ny.un.org/doc/UNDOC/GEN/N00/563/17/PDF/N0056317. pdf?OpenElement

3) 국제연합 정보통신기술 태스크포스

국제연합 경제사회의회(UN Economic and Social Council)의 요청에 의해 2001년 11월 설립된 국제연합 정보통신기술 태스크포스(the UN Information & Communications Technologies Task Force)는 정보통신기술을 이용한 천년개발계획(The Millennium Development Goals)을 수립하고 이를 시행하기 위해 노력하고 있다. 2002년 9월 태스크포스는 '정보보호-사이버 위협과 사이버 보호의 미지의 영역에 대한 생존지침(Information Security-A Survival Guide to the Uncharted Territories of Cyber-Threats and Cyber-Security'을 발간하였다. 이 지침은 정보의 불안정성에 대해 전반적으로 기술하고 침해사고 방지 및 대응을 위한 해결책을 제시하고 있으며, 모범 사례 등도 소개하고 있다.

4) 국제연합사이버보호개선을위한결의안(UN Resolution to Improve Cybersecurity)

미국은 현재 국제연합에 안전한 사이버 환경을 조성하기 위해 필요한 주요 요소들을 강조하기 위해 사이버 보호 개선을 위한 결의안을 제출할 예정이다. 미국은 개별적인 국가들이 주요 정보통신 기반을 보호하기 위한 어떠한 조치를 취하더라도, 효율적인 방지를 위해서는 전체적인 접근이 필요하다는 입장이다. 따라서 미국은 자신들이 추구하고 있는 계획에 다른 국가들이 참여하도록 유도하고 있다.

이 결의안은 공공 부문과 민간 부문의 협력을 강화하고 주요 정보통신 기반보호를 위한 국제적 협력 활동을 증진시키는 데 그 목적이 있다.

3.2.6 우리나라의 국제 협력 활동

우리나라는 OECD 회원국들이 정보보호 문화 창출을 위해 가이드라인 이행에 많은 노력을 기울이고 있는 가운데, 정보보호 문화운동에 적극적으로 참여하고 있다. 특히 주요 정보통신 기반보호를 위해 OECD 정보·컴퓨터·통신정책위원회(ICCP) 산하 정보보호작업반(WPISP)에서 관련 연구 및 조사에 대해 적극 참여하고 있다.

APEC-TEL에서는 주요 정보통신 기반보호관련 활동을 주로 정보보호 태스크포스(eSTG, e-Security Task Force)가 수행하고 있는데, 정기적인 회의 개최 및 주요 이슈들에 대해 워크숍, 세미나 등을 개최하여 회원국 간 정보를 공유하고 있다. 우리나라는 아시아 PKI포럼 활동과 연계하여 국가 간 전자서명 상호 연동에 대한 논의에 활발히 참여하고 있으며, 아울러 사이버 범죄에 대한 정보 교류 등에서 국제 협력 활동을 강화하고 있다.

한편 2003년 7월 처음 개최된 한·중·일 IT장관회의에서는 3국의 IT 분야 공동발전을 모색하는 차원에서 협력약정(Arrangement)을 체결하기로 합의하고, 그 중 통신망 안전과 정보보호를 위한 상호 협력 방안을 도출하였다. 이를 통해 통신망과 정보보호 정책을 교류하고, 개인정보보호, 사이버 공격에 대한 공동대응 및 정보교류에 3국이 적극 협력할 것으로 전망된다.

Ⅱ. 정보통신관련 국제기구 소개 및 정보원

APC

Association for Progressive Communications – Internet and ICTs for Social Justice and Development
정보통신혁신협회

1 기구

1) 소재지

주　　소	Executive Director's Office PO Box 29755, Melville 2109, South Africa
전　　화	+27 11 726 1692
팩　　스	+27 11 726 1692
전자우편	webeditor@apc.org
홈페이지	http://www.apc.org/english/

2) 설립연혁

정보통신혁신협회(APC)는 평화, 인권, 환경개발 및 보호와 관련된 개인과 그룹을 위해 설립되었다. 정보의 전략적 사용과 인터넷을 포함한 통신기술을 이용해 후원하기 위한 시민사회단체의 국제적인 네트워크이다. APC는 1990년에 설립되었다.

APC는 정보통신의 사용 및 촉진에 관한 지식과 경험을 바탕으로 활동하고 있으며, 고위급 국제정보통신 정책회의에 활발히 참여하고 있다. 1995년에는 유엔 경제사회이사국의 협의지위(Consultative Status)를 획득하기도 했다.

3) 설립목적

APC의 설립목적은 정보통신의 사용을 통해 전략적 커뮤니티와 평등한 인간 개발, 사회정의 등에 의미 있게 기여할 수 있는 이니셔티브를 위한 기관, 사회운동, 개인을 지원하고 강화시키는 데 있다.

4) 조직

APC는 회원들에 의해 운영되는 기구이다. APC 위원회에는 1인의 대표가 선출되고, APC 위원회는 또한 8인의 임원을 선출하도록 되어 있다.

APC 프로그램 및 프로젝트를 개발하고 APC를 운영하기 위해 소규모의 팀이 존재한다. 각각의 팀 구성원들은 각기 다른 국가에서 매일 온라인상으로 일한다.

5) 회원

APC 회원은 종종 그들 국가의 첫 번째 인터넷 제공자인 경우가 많다. 회원들은 특히 개발도상국의 시민사회의 정보통신 이용을 위한 개척자의 역할을 한다. APC의 회원들은 국제적으로 정책 및 실행에 있어서 정보통신과 관련된 시민사회를 촉진시

52

키는 역할을 한다. APC의 회원은 다음과 같다.

① 북미대륙(North America)

- Alternatives, Action and Communication Network for International Development, Canada

  홈페이지: http://www. alternatives.ca

- Institute for Global Communications(IGC), United States of America

  홈페이지: http://www.igc.org

- LaborNet, United States of America

  홈페이지: http://www. labornet.org

- LaNeta, Mexico

  홈페이지: http://www.laneta.apc.org

- Web Networks, Canada

  홈페이지: http://www.web.net & http://community.web.net

② 남미대륙(South America)

- Centro Peruano de Estudios Sociales(CEPES), Peru

  홈페이지: http://www.cepes.org.pe

- Colnodo, Colombia

  홈페이지: http://www.colnodo.apc.org

- Fundación Escuela Latinoamericana de Reds(ESLARED), Venezuela

  홈페이지: http://www.eslared.org.ve

- Networks & Development Foundation(FUNREDES), Republica Dominicana

홈페이지: http://funredes.org
- INTERCOM Nodo Ecuanex, Ecuador
  홈페이지: http://www. ecuanex.net.ec/
- NODO TAU, Argentina
  홈페이지: http://www.tau.org.ar
- RITS(Information Network for the Third Sector), Brazil
  홈페이지: http://www.rits.org.br
- Instituto del Tercer Mundo(ITeM), Uruguay
  홈페이지:http: //www.item.org.uy
- Wamani, Argentina
  홈페이지: http://www.wamani.apc.org

③ 유럽(Europe)
- BlueLink Information Network, Bulgaria
  홈페이지: http:// www.bluelink.net
- ChangeNet, Slovakia
  홈페이지: http://www.changenet.sk/
- ComLink, Germany
  홈페이지: http://www.comlink.org
- Computer Aid International, United Kingdom
  홈페이지: http://www.computeraid.org
- Cooperativa Kinè scs, Italy
  홈페이지: http://www.kine.coop/
- Econnect, Czech Republic
  홈페이지: http://www.ecn.cz

- GreenNet, United Kingdom

  홈페이지: http://www.gn.apc.org

- GreenSpider, Hungary

  홈페이지: http://www.zpok.hu

- Metamorphosis Foundation, Macedonia

  홈페이지: http://www. metamorphosis.org.mk

- Pangea, Spain

  홈페이지: http://www.pangea.org

- StrawberryNet, Romania

  홈페이지: http://www.sbnet.ro

- Unimondo, Italy

  홈페이지: http://www.unimondo.org

- ZaMirNet, Croatia

  홈페이지: http://www.zamirnet.hr

④ 북아프리카 및 서아프리카(North & West Africa)

- ArabDev, Egypt

  홈페이지: http://www.arabdev.org

- Enda-Tiers Monde, Senegal

  홈페이지: http://www.enda.sn/

- Fantsuam Foundation, Nigeria

  홈페이지: http://www.fantsu am.org

- Protege QV, Cameroon

  홈페이지: http://www.protegeqv.org

⑤ 남아프리카 및 동아프리카(South & East Africa)
- Arid Lands Information Network(East Africa), Kenya
   홈페이지: http://www.alin.or.ke
- African Regional Centre for Computing(ARCC), Kenya
   홈페이지: http://www.arcc.or.ke
- CIPESA, Uganda
   홈페이지: http://www.cipesa.org
- Community Education Computer Society(CECS), South Africa
   홈페이지: http://www.cecs.org.za
- SANGONeT, South Africa
   홈페이지: http://www.sangonet.org.za
- Ungana-Afrika, South Africa
   홈페이지: http://www.ungana-afrika.org
- Women's Net, South Africa
   홈페이지: http://www.womens net.org.za
- WOUGNET-Women of Uganda Network, Uganda
   홈페이지: http://www.wougnet.org

⑥ 아시아-태평양(Asia-Pacific)
- Bangladesh Friendship Education Society(BFES), Bangladesh
   홈페이지: http://www.bfes.net
- Bytes for All.org, South Asia
   홈페이지: http://www.byte sforall.org

- Community Communication Online(c2o), Australia
  홈페이지: http://www.c2o.org
- Foundation for Media Alternatives(FMA), Philippines
  홈페이지: http://www.fma.ph
- Institute for Popular Democracy(IPD), Philippines
  홈페이지: http://www.ipd.org.ph/
- JCA-NET, Japan
  홈페이지: http://www.jca.apc.org/
- Japan Computer Access for Empowerment(JCAFE)
  홈페이지: http://www.jcafe.net/english/
- Korean Progressive Network Jinbonet, South Korea
  홈페이지: http://www.jinbo.net
- Open Forum of Cambodia, Cambodia
  홈페이지: http://www.forum.org.kh
- VOICE-Voices for Interactive Choice and Empowerment
  홈페이지: http://www.voicebd.org
- WomensHub, Philippines
  홈페이지: http://www.womenshub.net

6) 주요 사업

APC는 크게 다음과 같은 영역과 관련된 정보통신에 관한 프로젝트 및 프로그램을 운영한다.

① 커뮤니케이션 및 정보 정책

② 전략적 이용과 역량 강화
③ APC 여성 네트워킹 지원

2 정보원

1) 정보배포정책

APC의 정보원은 'Annual Report' 및 'Publications'과 'News'
로 나뉜다. 'Annual Report'와 'Publications'는 PDF로 다운받
아 열람할 수 있도록 되어 있고, 'News'는 홈페이지상에서 원
문열람을 하도록 되어 있다.

2) 정보자료

① Annual Report & Publications
'About APC'의 'Annual Report'로 들어가면 연간보고서를
포함한 APC의 출판물을 모두 찾아볼 수 있다. 영어뿐만 아
니라 스페인어로 제공되는 자료도 있다.
- *Whose Summit? Whose Information Society? Developing Countries and Civil Society at the World Summit on the Information Society*
- *Evaluation Report on APC's Communications and Information Policy Programme*
- *APC Annual Report 2005*
- *APC Annual Report 2004*

58

- *APC Annual Report 2003*
- *ICT Policy: A Beginner's Handbook*
- *Involving Civil Society in ICT Policy: The World Summit on the Information Society*
- *APC Annual Report 2002*
- *APC Annual Report 2001*
- *APC Annual Report 2000*

② News

APC는 다음과 같은 주제별로 'News Archives'를 운영하여 각 주제별 보도내용을 쉽게 찾아볼 수 있도록 정보를 제공한다.

- Announcements
- Campaigns
- Cultural Arts & ICTs
- Democracy & ICT
- Democratising Communications
- Development
- E - commerce
- Free Software
- Information Communities
- Internet Access
- Internet Governance
- Internet Rights
- Internet Rights - Africa

- Internet Rights - Europe
- Internet Rights - Latin America
- Media & Internet
- Members
- Mobilising Participation
- Portals
- Training & ICT
- Women & ICT

최근 보도내용의 예는 다음과 같다.

- ***Women in Local Government: "Broadening Minds" with Technology***
- ***Congo Brazzaville: Telecentres Reject Sporadic Development***
- ***Did You Say Cell Phones for Development? "Yes, Technology Can Do Anything, Really, but People Have to Drive It"***
- ***Czech ICT Group Bets on What It Calls 'New Media'***
- ***'Now We Have Made a Noise' Says APC's Ugandan Member WOUGNET***
- ***IT - Powered Civil Protest Turns Polluting Gold - Miners Away***
- ***Fresh Air and Free Networks in Denmark***
- ***APC POOL OF WRITERS: Two Job Announcements, One Pool***

- *Wireless Networking: Technical Training Scholarships Offered*
- *The GRACE Research to Hold New Workshop, Launch New Website*
- *CALL FOR RESEARCHERS: SAT-3/WASC Cable Research Project: Country Case*
- *UPDATED SITE: APC Latin American and Caribbean (LAC) ICT Policy Monitor*
- *APC Updates Ground Breaking "Internet Rights" Charter*
- *LAUNCH OF APC'S ANNUAL REPORT 2005: APC Keeps Campaigning, Sees Tangled Wires in the ICT World*
- *SAT3: What Happens When National Monopolies End, and What Does This Mean for Regulators?*
- *Grants for Capacity in Wireless Networks: And the Winners are……*
- *The Sky's the Limit: New Wireless Connection Record - 382 Kilometres*
- *We Killed the Previous Business Models that Tried to Charge for WiFi*
- *Harambee Small Grant Helps Viva Network Africa Put the Net into Networking*
- *WIRELESS SURVEY: 53% of Participants Installed a Wireless Network*
- *The Fight against HIV/AIDS Armed with Blogs, Wikis*

and Emails

- *Ever Heard of Soil Health? If Not, Networking is Taking It to You Front Door*
- *Ungana－Afrika Connecting Advice Centres in Rural South Africa*
- *Wireless Technology and Blogging in Africa*
- *Interview with SANGONeT's Web Editor: Getting the Tech Right*
- *Blatant Censorship is One Thing. But Who Controls the Controllers?*
- *Harambee Project: Call for Small Grants Applications*
- *BETINHO PRIZE SPECIAL: MetaRecycling－"Noisy Environments, Unstable Computers and Curious People"*
- *BETINHO PRIZE SPECIAL: MetaRecycling: "Noisy Environments, Unstable Computers and Curious People"－Part Ⅱ*
- *APCNews Asks, Felipe Fonseca Responds*
- *BETINHO PRIZE: The Voices of Women and Communities through Radio Telecentres*
- *BETINHO PRIZE SPECIAL: Communication Technologies, Weapons against War in Colombia*
- *From the Philippines, a Digital Arts Contest with Social Dimension*
- *Australia: 33 Hours of Video Slam*
- *Bulgaria: Local and International Freedom of Expre-*

Plans

- *BaseBox is out! Free Software Tools for Your Nonprofit*
- *Ugandan Women Network Launches a Book about ICT-Based Entrepreneuship*
- *"IT Spreads Throughout Society at All Levels, and is Not Concentrated in the Hands of a Few"*
- *'Gold in the Mud' Unleashed through 'Inclusive Capitalism?'*
- *UN Agencies and Industry Launch Network on e-Waste*
- *Communication, a Cornerstone of Development Policy*
- *Going Autonomous with Wireless Networks*
- *e-Waste: Impacts, Challenges and the Role of Civil Society*
- *Web.net Makes Major Contribution to Drupal*
- *Drupal Usability Report Made Available*
- *Building a Vulnerable Children's Service in Nigeria*
- *Latin Mosaic*
- *Kenya Sets World First with Money Transfers by Mobile*
- *Challenging the Chip: Labour Rights and Environmental Justice in the Global Electronics Industry*
- *Open Technologies Bring Government Transparency, Development*
- *An ICT Literacy Portal is in the Works in South Africa*
- *"We Want to Make FOSS Producers More Influential, Customers Happier"*

New Report on Internet Infrastructure in the Congo

- *'Consumers Shouldn't Subsidise South African Telephone Monopoly'*
- *Slum Activism at the WSF*
- *The Power of the Internet: UN Adopts Convention on People Living with Disabilities in Record Time*
- *"The Discussion about Diversity Must Not Become Diversity"*
- *Wi4D, Techies and Campaigners Look at Potential for the Social World*
- *APC Asserts 'Access' to the Internet & Capacity – Building are Key to Participative Internet Governance*
- *Accessibility for All, Central to Internet Forum*
- *APC to IGF: Cyberspace Should Promote Maximum Sharing, Creativity and Innovation*
- *Blatant Censorship is One Thing. But Who Controls the Controllers?*
- *Opening Internet Access in Africa, Convergence and Developing Country Participation in the UN Summit on the Information Society: All the Focus of New Papers from APC*
- *Think Standards are Boring? Think Again!*
- *SOCIAL WATCH REPORT: Call it 'Digital Divides', Major Study Suggests*
- *Alcatel Bags EASSy Tender, All Eyes Watch over Who*

Really Won

- *Looking beyond 2007, Workshop on the Future of SAT3*
- *ICT POLICY: A BEGINNER'S HANDBOOK: Now out in French!*
- *Bytes for All Launches Draft Report on the Use of Technology for Development in Bangladesh*
- *Latin America Makes Noise at the Forum on Internet Governance*
- *Utopia Called Diversity?*
- *Openness: In the Activist's Eye*
- *Greening IT? Not Really!*
- *INTERNET GOVERNANCE FORUM: Seminar Calls for Unity among Poor Nations*
- *Reduce the Cost of International Internet Connectivity*
- *Global Information Society Watch Report Launched in Dhaka*
- *APC's Efforts in UN Summit on the Information Society Recognised as Central*
- *APC Researcher Featured in the New York Times*
- *Remarks from APC Addressing Agenda Items 2 and 3 of the Commission for Science and Technology for Development*
- *Poisonous Articles on IPR in Korea – US FTA*
- *Tenth Session of the Commission for Science and Technology for Development: APC's Proposals*

- *The Future of the Internet Governance Forum: APC Speaks out*
- *UN World Summit on the Information Society: What's Going on in Geneva Right now?(Part Ⅱ)*
- *UN World Summit on the Information Society: What's Going on in Geneva Right Now?(Part I)*
- *Copyright and 'Intellectual Property' Doesn't Help All: Study*
- *'All Rights Reserved' Not the Only Option for Documentary Film Makers*
- *South Korea: Opposition to Draft Legislation on "Communication Data Retention"*
- *Internet in Africa: Development First, Governance Later*
- *A Missing Link? Media and Development in Africa*
- *Bytes for All to Review Pakistan's IT Policy*
- *Moving Towards an Internet－Age Bill of Rights*
- *APC's Policy Work Evaluated: "APC is Highly Respected"*
- *Blatant Censorship is One Thing. But Who Controls the Controllers?*
- *Opening Internet Access in Africa, Convergence and Developing Country Participation in the UN Summit on the Information Society: All the Focus of New Papers From APC*
- *INTERNET GOVERNANCE FORUM: Seminar Calls for Unity among Poor Nations*

- *INTERNET GOVERNANCE FORUM: APC Puts up the Fight for an Open Access, Equal Opportunity and Educative Internet*
- *NEW POLICY ISSUE PAPER: The Importance of Convergence in the ICT Policy Environment*
- *NEW POLICY ISSUE PAPER: Lowering the Costs of International Bandwidth in Africa*
- *DRC: Alternatives Supports a Multilateral Initiative for ICT Advocacy*
- *Strawberry Fields Grow Horizontally*
- *Philippine ICT Body Presents Roadmap, Civil Society Takes a Stand*
- *NEW REPORT from APC Monitors Political will to Make the Information Revolution Reality for All*
- *A Missing Link? Media and Development in Africa*
- *'Consumers Shouldn't Subsidise South African Telephone Monopoly'*
- *CALL FOR RESEARCHERS: SAT-3/WASC Cable Research Project: Country Case*
- *Opening Internet Access in Africa, Convergence and Developing Country Participation in the UN Summit on the Information Society: All the Focus of New Papers From APC*
- *Looking beyond 2007, Workshop on the Future of SAT3*
- *Is Tunisia Calm, Now That the Storm is Gone?*

APT

Asia – Pacific Telecommunity
아 · 태전기통신협의체

☐ 기구

1) 소재지

주　　소	12/49, Soi 5, Chaengwattana Road, Chaengwattana Road, Bangkok 10210, Thailand
전　　화	+66 2 573 0044
팩　　스	+66 2 573 7479
전자우편	aptmail@aptsec.org
홈페이지	http://www.aptsec.org/

2) 설립배경

UN ESCAP(the United Nations Economic and Social Commission for Asia and the Pacific)과 ITU(International Telecommunication Union)의 공동의안으로 1979년 5월 방콕에서 창립총회를 개최하고, 한국을 비롯한 13개국이 1979년 7월 1일(창립기념일)에 가입하였으며, ITU의 국제전기통신협약 제32조의 규정에 의하여 아시아 · 태평양 지역 전기통신기구로서 정식 발

족하였다.

3) 설립목적

APT의 목적은 회원 국가(특히 비교적 미발전지역)들의 질적
향상과 지속가능한 정보통신사업 발전을 도모하는 데 있다.

4) 회원

정회원(Member), 준회원(Associate Member), 협찬회원(Affiliated
Member)으로 구분된다.

- 정회원(32개국)

  아프가니스탄, 호주, 방글라데시, 부탄, 브루나이, 중국, 피지,
  인도, 인도네시아, 이란, 일본, 북한, 한국, 라오스, 말레이시
  아, 몰디브, 미크로네시아, 몽고, 미얀마, 나우루, 네팔, 뉴질
  랜드, 파키스탄, 팔라우, 파푸아뉴기니, 필리핀, 사모아, 싱가
  포르, 태국, 토고, 베트남

- 준회원(4국)

  쿡 제도, 홍콩, 마카오, 니우에 섬

5) 한국과의 관계

한국의 정보통신부(Ministry of Informational and Technology)
는 창립회원이며, 그 외의 다수 협찬회원이 있다. KT(1982년),
데이콤(1984년), SK(1990년), LG전자(1998년), 삼성전자(1998
년), 한화(1998년), 한국전자통신연구원 - ETRI(1999년), Mercury

Corp.(2001년), Powercomm(2001년), Qualcomm(2004년) 등.
한국은 지역 내의 전기통신협력강화를 위하여 APT 활동에 적
극 참여하여 왔으며, 발전된 전기통신을 홍보하고 회원국의 국
위 선양을 위하여 1984년 11월에 제3차 총회 및 제8차 관리위
원회를 서울에서 유치·개최하였다.

② 정보원

1) 출판물

• *The APT Yearbook*

1994년 첫 호가 발행되었으며 통신의 발달과 아시아·태평
양 지역의 ICT에 관심 있는 통신산업에 종사하는 사람에게
도움이 될 것이다. 통신의 현재 상태와 아시아·태평양 지역
에 있는 ICT에 대해 알려준다. 홈페이지에서 구매 가능하다.

• *APT Newsletter*

APT 소식지는 일 년에 네 번 APT 사무국에서 발행된다.
APT는 소식지를 이용하여 통신정보, 활동, 발전, 행사 등 여
러 가지 소식을 APT 회원국에 전한다. 또한 APT의 최근 또
는 다가오는 활동사항, 회의, 워크숍에 대한 정보도 알려준다.
4개월마다 발행되며 2003년 4월부터 2004년 10월까지의 소
식지는 PDF 파일로 인터넷에서 다운로드 가능하다.

- ***APT Reports***

  APT는 기구가 주최한 회의, 세미나, 워크숍의 결정사항과
  결과를 보고서로 발행한다. 일 년에 열 개 이상 중요한 보고
  서가 작성된다.

2) 출판정보

① APT Publication

APT Secretariat

주　　소	Asia-Pacific Telecommunity 12/49 Soi 5, Chaengwattana Road, Bangkok 102 10, Thailand
전　　화	+662 573 0044 Ext. 136
팩　　스	+662 573 7479
전자우편	publication@aptsec.org

② APT Yearbook

Asia-Pacific Telecommunity

주　　소	12/49 Soi 5, Chaengwattana Road, Bangkok 10210, Thailand
전　　화	+662 573 0044 Ext. 136
팩　　스	+662 573 7479
전자우편	yearbook@aptsec.org

Big World

빅월드

① 기구

1) 소재지

주 소	5 Hollands Place, Macclesfield, Cheshire, SK11 7DD, UK
전 화	+44 870 710 1111
팩 스	+44 845 127 4358
전자우편	info@big-world.org
홈페이지	http://www.big-world.org/home/

2) 설립연혁

빅월드(Big World)는 정보통신기술을 이용하여 소위 제3세계라 불리는 빈곤층의 정보에 대한 요구를 해결하기 위한 영국의 새로운 전문 자선기관이다. Big World는 1999년에 설립되어 현재 인터넷과 새로운 커뮤니케이션 기술이 어떻게 하면 빈곤층과 가난한 커뮤니티에 실질적인 이득을 가져올지에 대한 연구를 하고 있다.

Big World는 디지털 격차를 해소하고 빈곤을 해결하며 발전하는 글로벌 지식경제의 이익을 취득하기 위해 빈곤층과 커뮤니티의 권한부여를 위한 개발기관 및 커뮤니티와 함께 활동한다.

3) 설립목적

① 개인 및 고유(indigenous) 지식 존중
② 자연환경 사랑
③ 좀 더 공평한 세계를 위한 활동

4) 주요 사업

Big World의 프로젝트와 활동은 종교, 민족, 이상, 젠더와 관계없이 빈곤층의 이익을 위한다.

Big World의 개발프로젝트는 현재 영국국제개발부(DFID: UK Government's Department for International Development)의 후원을 받아 다음과 같은 두 개의 파일롯 연구 프로젝트를 시행 중이다.

첫 번째 프로젝트는 남아프리카 지역의 소웨토(Soweto)라는 지역과 멕시코시티의 판자촌 지역의 젊은 남녀가 인터넷 접속과 커뮤니티 텔레센터(telecenters)를 통하여 이득을 얻을 수 있는 방법과 그들이 직업을 찾고 기술을 개발하며 그들 커뮤니티를 발전시킬 수 있는 방법에 중점을 둔다.

두 번째 프로젝트는 인도와 방글라데시의 수공업 제작자 네트워크 두 곳과 함께 진행하여 그들이 어떻게 인터넷과 전자상거래를 이용하여 그들의 상품을 팔고 그들 가족을 지원할 수 있는지에 대한 프로젝트이다.

② 정보원

1) 정보배포정책

Big World의 정보원은 'Links'에서 찾아볼 수 있다. 'Links'를 통하여 많은 인터넷 정보로의 링크를 제공한다.

2) 정보자료

① 주요 기구(Key Organizations)

개발도상국의 정보통신기술에 관여하는 기구들의 링크이다.

- Afagrict-1

  홈페이지: http://www.agricta.org/afagrict-1/

- AFCOM International Inc.

  홈페이지: http://www.afcomnet.com

- African Technology Forum

  홈페이지: http://web.mit.edu/africantech/www/

- AISI-The African Information Society Initiative

  홈페이지: http://www.uneca.org/aisi

- AITEC

  홈페이지: http://www.aitecafrica.com/

- Asia Pacific Networking Group

  홈페이지: http://www.apng.org/html/about.html

- Balancing Act

  홈페이지: http://www.balancingact-africa.com/

- Bellanet

홈페이지: http://www.bellanet.org/

- Bridges.org

  홈페이지: http://www.bridges.org/

- Bytes for All

  홈페이지: http://www.bytesforall.org/

- Centre for Telecom Policy Studies

  홈페이지: http://www.iimahd.ernet.in/ctps/

- CommUnity

  홈페이지: http://www.communitysa.org.za/

- Computer Aid International

  홈페이지: http://www.computeraid.org/

- Computer Society of Pakistan

  홈페이지: http://www.cspislamabad.org.pk/

- CTA – Technical Centre for Agricultural and Rural Coo-
  peration

  홈페이지: http://www.agricta.org/

- Ctcnet

  홈페이지: http://www.ctcnet.org/

- DevMedia – Media for Development and Democracy

  홈페이지: http://www.devmedia.org/

- Digital Divide Network

  홈페이지: http://www.digitaldividenetwork.org/

- Digital Divide Solutions

  홈페이지: http://www.asu.edu/DigitalDivide Solutions/

- Digital Freedom Network

홈페이지: http://dfn.org/
- Digital Nations: A New Research Consortium at the MIT Media Laboratory

  홈페이지: http://dn.media.mit.edu/prospectus.html
- Digital Opportunities Initiative

  홈페이지: http://www.opt－init.org/
- Digital Partners

  홈페이지: http://www.digitalpartners.org/home.html
- DOT Force

  홈페이지: http://www.dotforce.org/
- e－Government

  홈페이지: http://www1.worldbank.org/publicsector/egov/
- e－Inclusion

  홈페이지: http://www.hp.com/e－inclusion/en/index.html
- EJISDC(The Electronic Journal on Information Systems in Developing Countries)

  홈페이지: http://www.is.cityu.edu.hk/Research/ejisdc
- Electronic Commerce for Developing Countries(EC－DC)

  홈페이지: http://www.itu.int/ECDC/
- ENRAP－Electronic Networking for Rural Asia/Pacific

  홈페이지: http://www.enrap.org/
- e－Think Tank

  홈페이지: http://www.ethinktanktz.org/
- Fahamu

  홈페이지: http://www.fahamu.org.uk/index.html

78

- FORCE

  홈페이지: http://www.hibiscus.net/force/home.htm
- FUNREDES

  홈페이지: http://funredes.org/english/
- Gamos

  홈페이지: http://www.gamos.org
- Geekcorps

  홈페이지: http://www.geekcorps.org/
- GICT(Global Information and Communication Technologies)

  홈페이지: http://www.worldbank.org/ict/
- GIIC(Global Information Infrastructure Commission)

  홈페이지: http://www.giic.org/
- Global Environment & Technology Foundation(GETF)

  홈페이지: http://www.getf.org/
- Global Technology Corps

  홈페이지: http://www.globaltechcorps.org/
- GreenNet

  홈페이지: http://www.gn.apc.org/
- Greenstar

  홈페이지: http://www.e－greenstar.com/
- I Connect

  홈페이지: http://www.iconnect－online.org/
- IDRC

  홈페이지: http://www.idrc.ca/
- Imfundo

홈페이지: http://www.imfundo.org/

• Info 21

홈페이지: http://www.undp.org/info21/index5.htm

• InfoPower(Tanzania)Limited

홈페이지: http://infopowertz.cjb.net/

• Information, Networks and Knowledge Reseach Cenrtre (INK)

홈페이지: http://www.sussex.ac.uk/spru/ink/

• Information Technologies Group

홈페이지: http://www.cid.harvard.edu/ciditg/

• Information Technology Centre for Africa

홈페이지: http://www.uneca.org/itca/

• Intelecon

홈페이지: http://www.inteleconresearch.com/pages/

• Interconnection

홈페이지: http://www.interconnection.org/

• International Institute for Communication and Development (Holland)

홈페이지: http://www.iicd.org/

• International Institute of Communication

홈페이지: http://www.iicom.org/index.htm

• International Telecommunications Union

홈페이지: http://www.itu.int/

• Internet for Development

홈페이지: http://www.sosig.ac.uk/vts/development/index.htm

• Internet Learning Trust

80

홈페이지: http://www.netschools.org/

- Internet Society

홈페이지: http://www.isoc.org/

- ITrain

홈페이지: http://www.bellanet.org/itrain/index.html

- KnowNet Initiative

홈페이지: http://www.knownet.org/

- LEAP(Learning Evaluation Action Program)

홈페이지: http://www.bellanet.org/leap/

- Making the Net Work

홈페이지: http://www.makingthenetwork.org/

- MIDAS(Mongolian Information Development ASociation)

홈페이지: http://ict.mn/midas/index.htm

- Middle East Virtual Community

홈페이지: http://www.mevic.org/

- NairoBits

홈페이지: http://www.nairobits.org/

- Net4rural.org

홈페이지: http://www.net4rural.org/

- NetAction

홈페이지: http://www.netaction.org/

- NICI in Africa

홈페이지: http://www.uneca.org/aisi/nici/

- One World Campaigns: Digital Divide

홈페이지: http://www.oneworld.net/campaigns/digitaldivide/

- Pan Asia Networking

  홈페이지: http://www.panasianetworking.org/

- PH Domain Foundation

  홈페이지: http://www.phdomainfdn.org.ph/

- PICTA – Partnership for Information and Communication Technologies in Africa

  홈페이지: http://www.bellanet.org/partners/picta/

- ProPoor

  홈페이지: http://www.propoor.org/

- SANGONeT

  홈페이지: http://www.sn.apc.org/corporate/index.shtml

- Satellife

  홈페이지: http://www.satellife.org/

- SchoolNet

  홈페이지: http://www.school.za/

- SciDev.net

  홈페이지: http://www.scidev.net/

- Share the Technology

  홈페이지: http://www.sharetechnology.org/

- SIDA

  홈페이지: http://www.sida.se

- Somos@telecentros

  홈페이지: http://www.tele – centros.org/english/

- Street Children

  홈페이지: http://www.chasquinet.org/ninosdelacalle/e – pag1.html

- Tanzania Online

  홈페이지: http://www.tzonline.org/

- Technology Empowerment Network

  홈페이지: http://www.techempower.net/

- TeleCommons Development Group

  홈페이지: http://www.telecommons.com/

- TelMedPak

  홈페이지: http://www.telmedpak.com/

- The Association for Progressive Communications

  홈페이지: http://www.apc.org/english/index.shtml

- The Commonwealth Telecommunications Organisation

  홈페이지: http://www.cto.int/

- The Global Knowledge Partnership

  홈페이지: http://www.globalknowledge.org/

- The International Programme for the Development of Communication(IPDC)

  홈페이지: http://www.unesco.org/webworld/ipdc/index.html

- The Network Startup Resource Center

  홈페이지: http://www.nsrc.org/

- UNESCO's Communication and Information Sector

  홈페이지: http://www.unesco.org/webworld/cii_sector/index.shtml

- USAID Leland Initiative

  홈페이지: http://www.usaid.gov/leland/index. html

- Village Computer and Internet program

  홈페이지: http://www.grameen-info.org/vcip/mission.html

- VITA

  홈페이지: http://www.vita.org/

- WIDE(Web of Information for Development)

  홈페이지: http://www2.wide.org.br/

- Women in Global Science and Technology, WIGSAT

  홈페이지: http://www.wigsat.org/

- World Association of Christian Communication

  홈페이지: http://www.wacc.org.uk/

- World Computer Exchange

  홈페이지: http://www.worldcomputerexcha nge.org/

- World Internetworking Alliance

  홈페이지: http://www.wia.org/

- World Links for Development(World)

  홈페이지: http://www.worldbank.org/worldlinks/

② ICT Sources by Topic

관련 홈페이지의 정보통신과 관련한 주제별 출판물 또는 홈
페이지 등을 링크시켜 PDF 또는 원문으로 열람이 가능하다.

- 디지털격차(Digital Divide)

  - *Africa and the Digital Inclusion: Personal Reflections*

  - *African Internet Status*

  - *Assessment of Technology Infrastructure in Native Communities*

  - *Bridging the Digital Divide*

  - *Bridging the Digital Divide and Bringing Hope*

- *Bridging the Digital Divide: The Impact of Race on Computer Access and Internet Use*
- *Bridging the Gaps in Internet Development in Africa*
- *Digital Inclusion: Impact and Challenges of the Networked Economy for Developing Countries*
- *Electronic Community Centres – A Platform to Bring Knowledge and Information Technologies to the People*
- *Gender and the Information Revolution in Africa*
- *Government Restates Commitment to Bridging Digital Divide*
- *Governmental Representatives from 26 Countries Tackle Digital Divide*
- *Heralding ICT Enabled Knowledge Societies – Way forward for the Developing Countries*
- *How to Bridge the Digital Divide*
- *ICT Production and Diffusion in Asia*
- *Information Communication Technologies, Poverty and Empowerment*
- *Networking/Telecentres*
- *Problems and Prospects in the Utilization of New Information Technologies by Developing Countries in Asia*
- *Socialise the Modem of Production – The Role of Telecentres in Development*

- *Spanning the Digital Divide: Understanding and Tackling the Issues*
- *The Gaps in Provision: ICTs in Developing Countries*
- *The Internet and Poverty: Real Help or Real Hype?*
- *The Internet and the South: Superhighway or Dirt − Track?*
- *The New Holy Grail −ICT and the New Economy*
- *The Other Divide: Burning Laptops vs. Wiring the World*
- *The Public Voice and the Digital Divide: A Report to the DOT Force*
- *Zimbabwe Bridges Digital Divide*
- *Digital Divide Network*
- *Digital Divide Solutions*

• 정보통신과 커뮤니티 개발
- *Community Experiences with Information and Communications Technology −Enabled Development in Canada.*
- *Community Multimedia Centres*
- *Developing National Information and Communications Infrastructure(NICI) Policies, Plans and Strategies: The 'Why' and 'How'*
- *Developing the Internet Across Asia and the Near East*
- *Electronic Community Centres −A Platform to Bring*

86

Knowledge and Information Technologies to the People

- *Employment and Income Generating Activities Derived from Internet Access*
- *Enchanted by Telecentres: A Critical Look at Universal Access to Information Technologies for International Development*
- *Experiments in Community Access to New Communication and Information Technologies in Bogota*
- *Heralding ICT Enabled Knowledge Societies Way Forward for the Developing Countries*
- *ICTs and Development: Testing a Framework for Evaluation*
- *IICD Project Models: Overview*
- *Information and Communication Infrastructure Development in Africa*
- *Information and Communications Technologies(ICT) and Developing Countries − Towards a Knowledge − Based Economy*
- *Information and Communications Technologies − A Rapidly Emerging Dimension of Development Co − operation*
- *Internet as a Tool for Social Development*
- *Kids Learn*
- *Knowledge Networking for Sustainable Development*

- *Knowledge Sharing Strategies in Sustainable Development*
- *Statement on ICT's from G−15 Meeting*
- *The Importance for Sustainable Development: ICTs in Developing Countries*
- *The Internet and Poverty: Real Help or Real Hype?*
- *The Internet Comes to Rural India*
- *Towards the Global Knowledge and Information Society−The Challenges for Development Cooperation*
- *When Villages Go Global*

• 정보통신과 지역개발

- *African Youth and the Information Highway Participation and Leadership in Community Development*
- *Assessment of Technology Infrastructure in Native Communities*
- *Bridging the Gaps in Internet Development in Africa*
- *Egypt Expands Digital Access for Remote Communities*
- *El Limon on Line!*
- *Establishing a Public Internet Centre in Rural Areas of Mongolia*
- *Examples of Applications: ICTs in Developing Countries*
- *From ISAD to the African Development Forum: The Expansion of Interest in ICTs in Africa from 1996 to 1999*
- *Information and Communication Technologies(ICTs)*

Countries

- *Innovative Schools*
- *Strategy for a Distance Learning Network for the Dominican Republic*
- *The Positive Business Case for Rural Telecommunications*
- *The Use of Multi Media in Distance Education*
- *Connecting People and Organizations for Rural Development through Pilot Multi Purpose Telecentres*

• 정보통신과 중소기업

- *Connecting People and Organizations for Rural Development through Pilot Multi Purpose Telecentres*
- *Employment and Income Generating Activities Derived from Internet Access*
- *Information and Communications Technologies - A Rapidly Emerging Dimension of Development Co - operation*
- *Information and Communication Technologies(ICTs) for Sustainable Livelihoods*
- *Information and Communication Technologies, Poverty and Development*
- *Information, ICTs and Small Enterprise: Findings from Botswana*
- *Opportunities for Economic Development and Entrepreneurship in Africa*

90

- 정보통신과 젠더
  - *Empowerment and Governance through Information and Communication Technologies: Women's Perspective*
  - *Gender Analysis of Telecentre Evaluation Methodology*
  - *Gender and the Information Revolution in Africa*
  - *Gender, Justice and Information and Communication Technologies(ICTs)*
  - *Information Communication Technologies, Poverty and Empowerment*
  - *Rural South African Women Join Information Age through Telecentres*
  - *Strategies for Including a Gender Perspective in African Information and Communications Technologies (ICTs) Policy*
  - *Supporting Women's Use of Information Technologies for Sustainable Development*
  - *Gender and the Digital Divide Seminar Series*
  - *Info21 Resources on Gender*
  - *Resources on Gender Issues in ICT(Information Communication Technologies)*
  - *Women and New Technologies*
  - *Women and the Internet*
- 정보통신과 환경
  - *A Community-Based Electronic Environmental Network in the Msunduzi River Catchment: A Review*

and a Model

- *A Survey of Information Communication Technology in Sub－Saharan Africa*
- *Connecting People and Organizations for Rural Development through Pilot Multi Purpose Telecentres*
- *Developing National Information and Communications Infrastructure(NICI) Policies, Plans and Strategies: the 'Why' and 'How'*
- *Ecology, Information Technology, and Environmental Policy: An Ecologist's Perspective on Values and Value Added*
- *Examples of Applications: ICTs in Developing Countries*
- *From ISAD to the African Development Forum: the Expansion of Interest in ICTs in Africa from 1996 to 1999*
- *Greening the Internet: Ten Ways e－Commerce Could Affect the Environment and What We Can Do*
- *Information, Environment and Development*
- *Information Technology and the Environment: Choices and Opportunities*
- *iMP(Magazine for Information Impacts) Magazine on Subject of "Is It Kind to the Planet?"*

• 텔레커뮤니케이션
- *AISI Connect Online Database*

- *Bridging the Gaps in Internet Development in Africa*
- *Bhutan Broadcasting Service*
- *Developing National Information and Communications Infrastructure(NICI) Policies, Plans and Strategies: the 'Why' and 'How'*
- *Improving Access to Telecommunications in South Africa*
- *Information and Communication Infrastructure Development in Africa*
- *Information Communication Technologies, Poverty and Empowerment*
- *Native Networking: Telecommunications and Information Technology in Indian Country*
- *"Partnerships and Participation in Telecommunications for Rural Development: Exploring What Works and Why"*
- *RadioNet: Community Radio, Telecentres and Local Development*
- *Strategy for a Distance Learning Network for the Dominican Republic*
- *Telecentre Evaluation and Research: A Global Perspective*
- *The Internet Comes to Rural India*
- *The Positive Business Case for Rural Telecommunications*

- *Telecentres, IT and Rural Development: Possibilities in the Information Age*
- *The Internet Comes to Rural India*
- *The Positive Business Case for Rural Telecommunications*
- *The Status of African Information Infrastructure*

• 고유지식(indigenous knowledge)

- *Global Dissemination of Indigenous Knowledge: Contradiction, or the Way Forward?*
- *Indigenous Knowledge and Development Monitor*
- *Information and Communication Technologies, Poverty and Development*
- *Knowledge Sharing Strategies in Sustainable Development*
- *Knowledge System for Sustainable Food Security*
- *Plugging in Indigenous Knowledge − Connections and Innovations*
- *Register of Best Practices on Indigenous Knowledge*

• 정책과 법규

- *African Youth and the Information Highway Participation and Leadership in Community Development*
- *Africa on the Internet: Starting Points for Policy Information*
- *A Participatory Approach to Produce Web Content*
- *A Potential Framework for Guiding ICT − Enabled*

from Botswana

- *Information and Communication Technologies, Poverty and Development*
- *Knowledge Networking for Sustainable Development*
- *Spanning the Digital Divide: Understanding and Tackling the Issues*
- *Statement on ICT's from G-15 Meeting*
- *Strategies for including a Gender Perspective in African Information and Communications Technologies (ICTs) Policy*
- *Supporting Women's Use of Information Technologies for Sustainable Development*
- *Telecentre Research Framework for Acacia*
- *The Basis for a National Policy Framework: ICTs in Developing Countries*
- *The Importance for Sustainable Development: ICTs in Developing Countries*
- *The Positive Business Case for Rural Telecommunications*
- *The Tyranny of Participation in Information Systems: Learning from Development Projects*
- *Towards the Global Knowledge and Information Society-The Challenges for Development Cooperation*

• 사례연구

- *A Case Study of Electronic Commerce in Nepal*

98

- *Access to ICTs in Rural Areas – The African Tele-centre Experience*
- *A Participatory Approach to Produce Web Content*
- *Community Experiences with Information and Communications Technology – Enabled Development in Canada*
- *Community Technology Centers: Impact on Individual Participants and Their Communities*
- *Connecting People and Organizations for Rural Development through Pilot Multi Purpose Telecentres*
- *Developing the Internet Across Asia and the Near East*
- *Examples of Applications: ICTs in Developing Countries*
- *Improving Access to Telecommunications in South Africa*
- *Information and Communication Technologies(ICTs) for Sustainable Livelihoods:*
- *Information, ICTs and Small Enterprise: Findings from Botswana*
- *Innovative Programs Utilizing Information Technology: Case Studies*
- *Innovative Schools*
- *It Takes the Internet to Raise a Cambodian Village*
- *Learning Lessons from Telecentres in Latin America*

and the Caribbean

- *Strategy for a Distance Learning Network for the Dominican Republic*
- *Telecentre Research Framework for Acacia*
- *The Status of African Information Infrastructure*
- *The Tyranny of Participation in Information Systems: Learning from Development Projects*
- *The Wireless Toolbox: A Guide to Using Low-Cost Radio Communication Systems for Telecommunication in Developing Countries-An African Perspective*
- *When Villages Go Global*

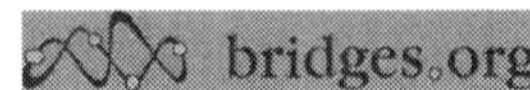

Bridges.Org
브리지스

① 기구

1) 소재지

주　　소	PO Box 26970, Kampala, Uganda/PO Box 715, Cape Town 8001, South Africa
전　　화	+256 31 280073(Uganda)/+27 21 465 9713 (South Africa)
전자우편	info@bridges.org
홈페이지	http://www.bridges.org/

2) 설립연혁

브리지스(Bridges.org)는 워싱턴에서 시작하여 우간다 및 남아프리카공화국에 본부를 두고 있는 비영리기관이다. 현재 대부분의 활동이 동아프리카와 남아프리카에 집중하고 있지만, 브리지스의 사업영역은 전 세계를 대상으로 한다. 브리지스는 2000년에 설립되어 개발도상국을 중심으로 인터넷과 관련된 다양한 영역에 관한 활동을 하고 있다.

3) 설립목적

브리지스는 개발도상국에서의 좀 더 나은 의료, 교육, 자급 가능한 경제개발 등의 의미 있는 목적을 위한 정보통신의 효과적인 사용을 촉진하기 위한 국제기구이다.

4) 주요 사업

① 우간다의 독립적인 기구로서의 동남아프리카국제정보통신정책기구(CIPESA: Collaboration on International ICT Policy for Wast and Southern Africa)를 설립하고 CIPESA가 지속성을 획득하고 정책 성립에 있어서 영향을 미치는 기관이 될 수 있도록 지원

② 사회경제개발을 위한 기술의 매핑 및 지도(map)의 사용을 현장테스트하고 지도도서관(Map Library) 이니셔티브에 기여

③ 기본적인 e-Literacy 교육을 위한 혁신적인 자료 제작 및 교육자료를 대중에게 공개함으로써 다른 영역에 있는 이용자들도 모두 사용 가능하도록 교육자료 출판

④ 브리지스의 철학을 기본으로 한 프로젝트를 수행하고 브리지스의 기술을 사용함으로써 브리지스의 아이디어를 표현

2 정보원

1) 정보배포정책

브리지스의 정보원은 'Publications'와 'Case Studies'에 있다. 'Publication'에서는 홈페이지상에서 목차 및 서론을 열람할 수 있으며, 본문 전체를 열람하기 위해서는 회원으로 가입하여야 한다.

2) 정보자료

① Publications

주제별 브라우징이 가능하도록 되어 있다. 주제별 대표적인 목록은 다음과 같다.

- Cell Phones and Handheld Devices
  - *Testing the Use of SMS Reminders in the Treatment of Tuberculosis in Cape Town, South Africa*
- Cities
  - *Financing the Information Society: An Investigation by Bridges.org on Behalf of the City of Cape Town*
  - *Testing the Use of SMS Reminders in the Treatment of Tuberculosis in Cape Town, South Africa*
  - *Taking Stock and Looking Ahead: Digital Divide Assessment of the City of Cape Town*
- Computer Science and Universities
  - *Evaluation of Broadband Applications Network Group (BANG): Final Report*

- *Evaluation of Broadband Applications Network Group (BANG): Phase Two Report*
- *Evaluation of the Broadband Applications Network Group (BANG): Phase One Report*

• Countries

- *Inventory and Analysis of South African ICT Initiatives: Government, Private Sector and Civil Society*
- *Testing Models for Helping Developing Country Entrepreneurs at Ground Level: Lessons Learned from the ECHO Pilot in South Africa*

• Digital Divide

- *Overview of the Digital Divide*
- *The Real Access/Real Impact Framework for Improving the Way That ICT is Used in Development: Concept Note*
- *Building Capacity to Narrow the Digital Divide in Africa from Within*
- *Case Studies on ICT − Enabled Development for Africa*
- *Taking Stock and Looking Ahead: Digital Divide Assessment of the City of Cape Town*
- *Guide to Free IT*
- *Developing and Leveraging World Class ICT Networks for Social and Economic Advancement*
- *Spanning the Digital Divide: Understanding and*

Tackling the Issues

- e – Government
  - *Free/Open Source Software(FOSS) Policy in Africa: A Toolkit for Policy – Makers and Practitioners*
  - *Provincial Government of the Western Cape: Cape Gateway Project Evaluation*
  - *Progress Towards ICT Integration in South Africa: A Survey of Government Initiatives(Policy Brief)*
  - *Better, Faster, Cheaper: Developing and Leveraging World Class ICT Networks for Social and Economic Advancement*
  - *South Africa Telecommunications Overview, Commentary, and Statistics(Policy Brief)*
- e – Literacy and Education
  - *e – Literacy Training Materials*
- e – Readiness Assessment
  - *e – Readiness Overview*
  - *e – Ready for What? e – Readiness in Developing Countries: Current Status and Prospects toward the Millennium Development Goals*
  - *e – Readiness Assessment: Who is Doing What and Where?(updated)*
  - *Comparison of e – Readiness Assessment Models and Tools(updated)*
  - *Building Capacity to Narrow the Digital Divide in*

Africa from Within

- *Taking Stock and Looking Ahead: Digital Divide Assessment of the City of Cape Town*
- *Developing and Leveraging World Class ICT Networks for Social and Economic Advancement*
- *Better, Faster, Cheaper: Developing and Leveraging World Class ICT Networks for Social and Economic Advancement*

• Entrepreneurship

- *How to Set up and Operate a Successful Computer Refurbishment Centre in Africa: A Planning and Management Guide*
- *Testing Models for Helping Developing Country Entrepreneurs at Ground Level: Lessons Learned from the ECHO Pilot in South Africa*
- *Measuring Success in Entrepreneurship Support Initiatives: What Works and What More is Needed*
- *Supporting Entrepeneurship in Developing Countries: Survey of the Field and Inventory of Initiatives*

• Financing ICT－Based Development

- *Financing the Information Society: An Investigation by Bridges.org on Behalf of the City of Cape Town*

• Free and Open Source Software

- *Free/Open Source Software(FOSS) Policy in Africa: A Toolkit for Policy－Makers and Practitioners*

- *Comparison Study of Free/Open Source and Proprietary Software in an African Context*
- *Straight from the Source: Perspectives from the African Free and Open Source Software Movement*
- *Guide to Free IT*

• Healthcare
- *Evaluation of the SATELLIFE PDA Project, 2002: Testing the Use of Handheld Computers for Healthcare in Ghana, Uganda, and Kenya*
- *Testing the Use of SMS Reminders in the Treatment of Tuberculosis in Cape Town, South Africa*

• ICT policy
- *Free/Open Source Software(FOSS) Policy in Africa: A Toolkit for Policy−Makers and Practitioners*
- *Building Capacity to Narrow the Digital Divide in Africa from Within*
- *Progress towards ICT Integration in South Africa: A Survey of Government Initiatives(Policy Brief)*
- *Developing and Leveraging World Class ICT Networks for Social and Economic Advancement*
- *Better, Faster, Cheaper: Developing and Leveraging World Class ICT Networks for Social and Economic Advancement*
- *South Africa Telecommunications Overview, Commentary, and Statistics(Policy Brief)*

- Maps
  - *The Map Library Project*
- Millennium Development Goals
  - *e-Ready for What? e-Readiness in Developing Countries: Current Status and Prospects toward the Millennium Development Goals*
- Project Management
  - *The Real Access/Real Impact Framework for Improving the Way That ICT Is Used in Development: Concept Note*
- Public Access and Equal Access
  - *Comparison Study of Free/Open Source and Proprietary Software in an African Context*
  - *Guide to Free IT*
  - *South Africa Telecommunications Overview, Commentary, and Statistics(Policy Brief)*
- Refurbished Computers
  - *How to Set up and Operate a Successful Computer Refurbishment Centre in Africa: A Planning and Management Guide*

② Case Studies

아프리카에서의 정보통신을 강화한(ICT-Enabled) 개발 사례연구를 다음과 같은 주제별로 제공하고 있다.

- Cell Phones and Handheld Devices

108

- *The SATELLIFE PDA Project*
- *ICT-Enabled Development Case Studies Series: The Compliance Service Uses SMS Technology for TB Treatment*

• Countries
- *The Judicial Inspectorate of Prisons' Online Reporting System*
- *The Kubatana Project of Zimbabwe*
- *Environmental Information Network of Ghana*

• Digital Divide
- *ICT-Enabled Development Case Studies Series: Geek-corps of Ghana*
- *Case Study Series on ICT-Enabled Development: The UUNET Bandwidth Barn*
- *The SATELLIFE PDA Project*

• e-Democracy
- *The Kubatana Project of Zimbabwe*

• e-Government
- *The Judicial Inspectorate of Prisons' Online Reporting System*
- *Environmental Information Network of Ghana*

• e-Literacy and Education
- *ICT-Enabled Development Case Studies Series: Geek-corps of Ghana*
- *Case Study Series on ICT-Enabled Development:*

The UUNET Bandwidth Barn

• Entrepreneurship

- ***Case Study Series on ICT－Enabled Development: The Foundation of Economic and Business Development (FEBDEV)***

• Financing ICT－Based Development

- ***Case Study Series on ICT－Enabled Development: The Women's Information Resource Electronic Service (WIRES)***

• Healthcare

- ***The Tsilitwa Telehealth Project***
- ***The Tygerberg Children's Hospital and Rotary Telemedicine Project***
- ***The SATELLIFE PDA Project***

• Public Access and Equal Access

- ***Case Study Series on ICT－Enabled Development: I－Network***
- ***Case Study Series on ICT－Enabled Development: The Women's Information Resource Electronic Service (WIRES)***
- ***ICT－Enabled Development Case Studies Series: Busy Internet(Accra)***

• Wireless, WiFi and WiMax

- ***The Tsilitwa Telehealth Project***

CDT

Center for Democracy and Technology

민주주의와정보통신센터

1 기구

1) 소재지

주　　소　　1634 Eye Street NW #1100, Washington DC, 20006
전　　화　　+1 202 637 9800
팩　　스　　+1 202 637 0968
홈페이지　　http://www.cdt.org/

2) 설립연혁

민주주의와정보통신센터(CDT)는 디지털 시대에 민주적 가치와 헌법상의 자유를 증진시키기 위해 활동하는 비영리 공공정책기관이다. 법, 기술, 정책의 전문가들과 함께 CDT는 글로벌 커뮤니케이션 기술에서의 표현의 자유와 프라이버시를 강화하기 위한 현실적인 해결책을 모색한다. CDT는 인터넷과 다른 커뮤니케이션 미디어의 미래에 관심이 있는 모든 관계자들의 여론 형성에 기여한다.

3) 설립목적

CDT의 설립목적은 새로운 그리고 증가하고 있는 통합적 커뮤니케이션 미디어들의 표현의 자유, 프라이버시, 개방접근 그리고 다른 민주주의의 가치를 보존하고 강화하는 공공정책을 개념화하고 개발하며 실행하는 데에 있다. CDT는 여론 형성 과정에서의 연구조사와 공공정책 개발을 통하여 이러한 목적을 추구한다. 또한 CDT는 인터넷 이용자 커뮤니티와 대중교육 캠페인과 함께 공공정책지지, 온라인을 통한 자원형성 등을 통해 미국과 전 세계에서의 CDT만의 정책을 촉진시킨다. CDT는 다음과 같은 원칙에 의한 목적을 달성하기 위해 활동한다.

① 인터넷의 유일한 본질
② 표현의 자유
③ 프라이버시
④ 정부정책 감독
⑤ 인터넷 접속
⑥ 민주적 참여

4) 주요 사업

CDT는 다음과 같은 활동을 한다.

① 표현의 자유

인터넷은 정보를 받아들이고 출판하며 의사소통을 가능하게 한다. CDT는 정부의 검열제도와 그 외의 정보의 자유흐름에 반하는 행동에 반대한다. 인터넷 사용자의 권한 강화를 실질적으로 가능하게 하면서 CDT는 아동을 유해사이트로부터 보호하는 방법을 제공하는 가족을 위한 웹사이트인 GetNetWise.org를 개발했다.

② 정보 프라이버시

인터넷 사용자는 웹사이트를 방문하면서 개인정보에 대한 기록을 남기게 되며, 그 기록들은 그들이 제어하고 이해할 수 없는 방식으로 기록되고 사용된다. CDT는 이러한 문제를 인식하여 사용자들의 온라인 프라이버시를 강화할 수 있는 기술 및 해결방안을 개발하고자 한다.

③ 전자감독 및 암호화

CDT는 강력한 암호화 사용의 권리를 지지하며 정부의 전신 도청을 반대한다.

④ 온라인 민주주의

정책입안가들과 인터넷 커뮤니티 간의 더 활발한 대화를 위한 촉진제로서 활동한다. CDT는 민주주의 과정에서 시민의 참여를 위한 새로운 방법을 창조하는 데 기여한다. CDT의 웹사이트, 온라인자원, 정책뉴스레터는 인터넷 행동주의를 위한 모델로 여겨진다.

⑤ 연합구성(Coalition Building)

CDT는 광범위한 연합의 힘을 믿는다. CDT는 정보화 시대의 발언의 자유를 위해 싸우는 다양한 인터넷 사용자, 도서관원, 출판사, 온라인서비스제공자 단체 및 시민자유단체가 연합하여 시민인터넷권한부여연합(CIEC: Citizens Internet Empowerment Coalition)을 조직하였다.

⑥ 대중교육

현재의 정책에 관하여 대중을 교육하기 위해서 CDT는 'CDT 온라인 프라이버시 가이드', 'CDT 프라이버시 퀴즈', 정책 포스트 뉴스레터, '인터넷에 영향을 주는 법안'과 같은 사용자 중심의 웹 자원을 제공한다.

⑦ 연구 및 장학사업

CDT는 시스템의 위험도를 평가하기 위해 세계적인 11인의 암호사용자들을 조직하여 매우 영향력 있는 보고서를 발표하는 등의 연구사업을 벌인다.

⑧ 기술표준 개발

인터넷표준 마련 과정을 통해 CDT는 컴퓨터 코드에 시민의 자유가치가 포함되도록 하는 데 중요한 역할을 해 왔다. 이러한 표준 중 하나가 개인정보에 있어서 인터넷 이용자들이 더 강한 관리를 할 수 있게 하는 비밀우선플랫폼(P3P: Platform for Privacy Preferences)이다.

⑨ 규제정책 과정 지지

CDT는 연방정부기관 인터넷 사용자들을 존중한다. 연방커뮤니케이션위원회(Federal Communications Commission)에서의 CDT의 노력은 정부의 패킷네트워크에 의해 생길 수 있는 프라이버시 문제에 대한 광범위한 문제를 제기하였다. 연방통상위원회(Federal Trade Commission)에서 CDT는 온라인 상업을 위한 효과적 데이터 프라이버시 권리를 강조해 왔다.

⑩ 풀뿌리식 참여 유도(Mobilizing Grassroots Participation)

CDT는 인터넷을 통한 풀뿌리식 지지를 통해 시민의 참여를 혁명화시켰다. '당신의 입법인을 받아들여라(Adopt Your Legislator)' 프로그램은 워싱턴의 네티즌이 그들의 목소리를 낼 수 있었던 새로운 기회를 제공하는 기회가 되었다. '프라이버시 감시장치(Privacy Watchdog)'는 소비자들이 온라인 프라이버시 정책을 고찰하고 전자상거래 비즈니스에 대한 그들의 의견을 교환하도록 장려한다.

⑪ 작업집단(Working Groups)

CDT는 온라인 프라이버시, 디지털보안, 표현의 자유에 관한 여러 작업집단을 운영한다. 작업집단은 커뮤니케이션 서비스 제공자, 컴퓨터 하드웨어와 소프트웨어 생산자, 콘텐츠 제공자, 소비자 및 프라이버시 지지, 다른 비영리기관들의 정보교환을 위한 포럼을 주최하며 정책문제의 균형 있는 해결방안에 관한 여론을 형성한다.

⑫ 국제행동주의(International Activism)

전 세계의 미디어는 글로벌 행동주의를 요구한다. CDT의 활동은 인권법을 기본으로 한 인터넷에서의 표현의 자유에 관한 주요 보고서, 중앙/동유럽에서의 인터넷 접속에 영향을 미친 정책에 관한 조사, 더 많은 대중관심의 표현을 위한 지지를 포함한다.

2 정보원

1) 정보배포정책

CDT의 정보원은 'Policy Briefs & News'와 'Reports & Articles'에 있다. 'Policy Briefs & News'에서는 *Policy Posts*라는 CDT의 간행물을 포함한 보도자료를 열람할 수 있다. 'Reports & Articles'를 통해서 CDT가 출판한 논문 및 보고서 또는 보도기사에 나온 논설문 등을 찾아볼 수 있다.

2) 정보자료

① Policy Briefs & News

CDT의 간행물인 *Policy Posts*의 최근 목록은 다음과 같다.

- August 08, 2007: Privacy Initiatives Key to Addressing Behavioral Targeting Concerns
- July 25, 2007: Federal Appeals Court Holds Email Content is Constitutionally Protected
- June 27, 2007: Indecency Ruling a Significant Victory for Free Expression
- June 01, 2007: Airwave Auction a Unique Opportunity to Promote Broadband, Openness
- May 04, 2007: IRS Proposal Could Impact Millions of Internet Users
- April 06, 2007: "Remote DVR" Ruling Could Raise Copyright Risks for Other Services

- March 29, 2007: Bill Introduced to Reform FBI Data Demands
- March 23, 2007: Federal Court Rejects Censorship, Endorses User Empowerment
- March 02, 2007: CDT Urges Steady Increase in FTC Funding
- February 09, 2007: Anti-Spyware Coalition Reaches Important Milestone
- January 31, 2007: CDT Urges Lawmakers to Return to Core Internet Principles

CDT의 보도자료의 대표적인 목록이다.

- *Report Identifies Beginnings of Competitive Marketplace for Search Privacy*
- *Congress Votes to Expand Unchecked Warrantless Wiretapping*
- *Senate Approves Expansion of Warrantless Surveillance*
- *New FISA Bill Fails to Protect Rights of Americans*
- *9/11 Bill Contains Critical Privacy and Civil Liberties Provisions*
- *Nadler-Flake National Security Letters Bill Restores Vital Privacy Protections*
- *CDT Joins Employee Advocates to Oppose Illegal Use of Background Checks*
- *FBI Misuse of Investigative Authority Highlights Need*

for Judicial Review

- *CDT Urges Congress to Get Full Story on Warrantless Snooping*
- *Veteran Civil Liberties Advocate Gregory Nojeim Joins CDT*
- *REAL ID Regulations Won't Solve Fundamental Problems*
- *Sony BMG Rootkit Settlement Reaffirms Key Consumer Rights*
- *CDT Commends New York AG for Advertiser Settlements*
- *CDT Releases 2007 Legislative Recommendations: Urges Congress to Protect Civil Liberties and the Open Internet*
- *Companies, Human Rights Groups, Investors, Academics and Technology Leaders to Address International Free Expression and Privacy Challenges*

② Reports & Articles

CDT 출판물 및 논설문의 대표적인 목록은 다음과 같다.

- Leslie Harris, High Speed Alternatives May Be Coming Soon, *ABC News*, June 14, 2007
- Leslie Harris and Matt Stoller, Inexplicable Anomaly, *The Hill*, May 15, 2007
- Ari Schwartz, Congressional Research Service Ought to Be Open to Public, *The Examiner,* April 18, 2007

118

- John Morris and Jon Peterson, Who's Watching You Now?, *IEEE Security and Privacy Magazine*, Vol.5, Issue 1(January/February 2007)
- "Evaluating DRM: Building a Marketplace for the Convergent World", in the December 2006 Issue of *BNA International's World Data Protection Report*
- CDT, Interpreting Grokster: Limits on the Scope of Secondary Liability for Copyright Infringement, 2006 *Stanford Technology Law Review* 3(June 2006)
- Jerry Berman, Security, Privacy and Government Access to Commercial Data, in "Protecting What Matters; Technology, Security, and Liberty Since 9/11", Clayton Northouse, ed., Brookings Institution Press and the Computer Ethics Institute, 2006
- Nancy Libin, The Anxious New Dawn of Cybersnooping, *CNet News*, May 3, 2006
- James X. Dempsey and Ira Rubinstein, Lawyers and Technologists: Joined at the Hip?, Guest Editors' Introduction to *IEEE Security and Privacy Magazine*, Vol.4, Issue 3(May/June 2006)
- Leslie Harris and John Morris, Hensarling Bill Would Do Too Little, and Too Much, Roll Call, March 14, 2006
- Jim Dempsey, Got Data? Beware Privacy Pitfalls, Big Brother, A Q & A with CDT's Policy Director, *Intelligence Enterprise Magazine*, January 30, 2006

• John Morris, "Privacy and VoIP Technology", I/S *Journal of Law and Policy for the Information Society,* Vol.1 (2005)

• Ari Schwartz, Deirdre Mulligan, and Indrani Mondal, "Storing Our Lives Online: Expanded Email Storage Raises Complex Policy Issues", *I/S Journal of Law and Policy for the Information Society,* Vol.1(2005)

• David Sohn, The Benefits of Mutual Distrust, *Cnet News.com,* August 25, 2005

• John Morris, "The Past, Present, and Future of Internet Censorship and Free Speech Advocacy", in "Defending the First: Commentary on First Amendment Issues and Cases", J. Russomanno, Editor(Lawrence Erlbaum Associates, Publishers 2005)

• James X. Demspey, Essays on PATRIOT Act Provisions, in "Patriot Debates: Experts Debate the USA PATRIOT Act", Stewart A. Baker and John Kavanagh, Editors

• John Morris, Alan Davidson, Policy Impact Assessments: Considering the Public Interest in Internet Standards Development

• James X. Dempsey and Lara M. Flint, Commercial Data and National Security, *The George Washington Law Review,* Vol.72, Number 6(August 2004)

• John Morris, Look at the Bare Naked Facts

• Jerry Berman and Paula J. Bruening, Can Spam Be Stopped? *Legal Times,* June 16, 2003

- James X. Dempsey, What e–Government Means for Those of Us Who Cannot Type, *Local Government Brief,* Winter 2003, p.22
- Jerry Berman and Lara Flint, Guiding Lights: Intelligence Oversight and Control for the Challenge of Terrorism, *Criminal Justice Ethics,* Vol.22, No.1(Winter/Spring, 2003)
- James X. Dempsey, "Civil Liberties in a Time of Crisis", *Journal of the National Council of Jewish Women,* Winter 2001/2002
- James X. Dempsey and David Cole, *Terrorism and the Constitution*(New Press, 2002)
- Jerry Berman, Congress Needs a Great Tech Debate
- Alan Davidson, John Morris and Rob Courtney, Strangers in a Strange Land: Public Interest Advocacy and Internet Standards
- John Morris, "The Elements of Location Tracking and Privacy Protection", in "Geographic Location in the Internet", B. Sarikaya, Editor(Kluwer Academic Publisher 2002)
- James X. Dempsey, "Civil Liberties in a Time of Crisis", *Human Rights,* Winter 2002
- Paula Bruening, "Consumer Privacy in the Electronic Marketplace", *National Legal Center for the Public Interest,* August 2001
- Jerry Berman and Paula Bruening, "Is Privacy Still

Possible in the Twenty－First Century?" ***Social Research***, Spring 2001

- Ari Schwartz's Monthly Columns in Federal Computer Week Magazine, January 2001－February 2002
- James X. Dempsey, Freedom of Expression in the IT Era: User Empowerment, Report of the IPI World Congress and 50th General Assembly
- Michael J. O'Neil and James X. Dempsey, 2000 DePaul Business Law Journal: Critical Infrastructure Protection: Threats to Privacy and Other Civil Liberties and Concerns With Government Mandates on Industry
- Ari Schwartz and Deirdre Mulligan, "Your Place or Mine?: Privacy Concerns and Solutions", Computers, Freedom and Privacy Conference(CFP), April 2000
- Jerry Berman and John B. Morris, Jr., "The Broadband Internet: The End of the Equal Voice?" ***CFP***, April 2000
- Deirdre Mulligan and James X. Dempsey, "Applying Campaign Finance Law to the Internet－Risks to Free Expression and Democratic Values", ***CFP***, April 2000
- James X. Dempsey, "Overview of Criminal Justice Information Systems", ***CFP***, April 2000
- Deirdre Mulligan, Ann Cavoukian, Ari Schwartz and Michael Gurski, "P3P and Privacy: An Update for the Privacy Community", ***CFP***, March 2000
- Jerry Berman and Deirdre Mulligan, 1999 Nova Law

Review: Privacy in the Digital Age: Work in Progress • James X. Dempsey, 1997 Albany Law Journal of Science & Technology: Communications Privacy in the Digital Age: Revitalizing the Federal Wiretap Laws to Enhance Privacy

CIPACO

Center for International ICT Policies Central and West Africa

중앙아프리카및서아프리카국제정보통신센터

① 기구

1) 소재지

주　　소　Panos Institute West Africa 21 122 Dakar Sénégal

전　　화　+221 849 16 66

팩　　스　+221 822 17 61

홈페이지　http://www.cipaco.org/index.php?lang=en

2) 설립연혁

중앙아프리카및서아프리카국제정보통신센터(CIPACO)는 국제 정보통신 의사결정 과정에서의 좀 더 효과적인 참여를 위한 아프리카 참여자들의 역량을 강화하기 위해 세워진 기구이다. CIPACO는 파트너 기관들과 협력하여 CIPACO만의 아이덴티 티를 확보하고 전문가로 이루어진 위원회에 의해 활동지원을 받는다.

3) 설립목적

CIPACO의 목적은 크게 두가지로 나누어 볼 수 있다.
① 지역 이니셔티브의 조화 및 강화
② 역량 강화

4) 조직

CIPACO의 조직은 다음과 같다.
① 지역자문위원회(RAC: Regional Advisory Committee)
전문가들로 구성된 다양한 분야를 다루는 위원회이다.

② 제도적 파트너(Institutional Partners)
CIPACO의 제도적 파트너들은 전문성을 위한 중요한 자원
이다. 파트너들은 모든 활동에 관련되어 있고 전자토론(e-
debates) 관리도 가능하다. 이들은 또한 연구를 수행하는 책
임이 있고 국제회의에 참여하도록 되어 있다.

③ 제도적 파트너 그룹(GIP: Group of Institutional Partners)
GIP는 CIPACO의 개발에 기여하고 CIPACO의 활동과 그
결과를 위한 지속가능한 전략을 세우기도 한다.
CIPACO의 GIP는 다음과 같다.
  • Ecole Supérieure et Multinationale des Télécommuni-
    cations(Sénégal)
    홈페이지: www.esmt.sn
  • La Faculté des Sciences Juridiques de l'Université de

Ouagadougou(Burkina Faso)
- Asafe(Cameroon)

  홈페이지: www.asafe.org
- Fantsuam(Nigeria)

  홈페이지: www.fantsuam.org
- Technology Assessment Project, University of Ghana, Legon(Ghana)

5) 주요 사업

CIPACO에는 다음의 다섯 개의 활동영역이 있다.

① 웹기반 정보시스템 촉진

② 보고서 작성 및 분석

③ 전자토론 구성 및 촉진

④ 국제회의 참여

⑤ 정보통신 정책과 관련한 다른 이니셔티브와의 연계

② 정보원

1) 정보배포정책

CIPACO의 정보원은 'News', 'Library', 'Reports/Guides'로 나뉘어 있다. 'Library'에서는 보고서, 출판물, 문서 등의 요약문을 제공하고 원문을 볼 수 있는 홈페이지의 링크를 제공하고 있다. 그 외의 자료는 원문열람이 가능하거나 PDF로 다운받아 열람할 수 있다. 모든 자료는 영어 또는 프랑스어로 제공된다.

2) 정보자료

① News

국제정보통신 뉴스 및 정책에 관련된 내용을 열람할 수 있다. 대표적인 목록은 다음과 같다.

- *Gambia: Taiwan Bridging the Digital Divide*
- *Gambia's Rural Wireless Expansion in Crisis*
- *Satellite Communications Deployed for Improved Global Response to Disasters*
- *AfriNIC Reduces Its Fees for Research & Education Institutions*
- *IGF: Call for Workshops*
- *Call 2 Now Open - 7th Framework Programme*
- *The Release of MTN Services in Benin Put on Hold*
- *Technology & Economic Best Practices to Help Drive Africa's Growth*

- *UN - Backed Forum Aims to Spread Technology in Africa*
- *Rising Voices Seeks Micro - Grant Proposals for Blog Outreach*
- *Nepad's e - Learning Project Faces Major Obstacles*
- *East Africa Submarine Project Starts*
- *ICT in Education Prize: Call for Nominations*
- *Call to Equip African Teachers with ICT Skills*
- *The Gambia: Three GSM Service Providers*
- *Rio de Janeiro IGF: Call for Workshops*
- *Liberia: Benefits, Objectives of New Telecom Act Outlined*
- *Natcoms Kicks against Proposed Tarif Hike in Nigeria*
- *IGF Synthesis Paper*
- *APC Press Release*
- *17 May - World Information Society Day*
- *Nigeria: Country Launches Communication Satellite in China*
- *ICANN Accredits First Registrar in Senegal*
- *'Ghana is Committed to FOSS Penetration in Africa'*
- *Alexandria Meeting: Seeking to Strengthen International Cooperation in Emergency Telecommunications*
- *Providing a Platform for Best Practices in Disseminating Vital Information on Disaster Management, Environmental Monitoring, and Delivery of ICT Applications/Services Such as e - Health for the Benefit of Disaster Victims*

- *West African Cable Project Infinity Signs MOU with VSNL*

② Library

알파벳 순서, 키워드 검색, 주제별 검색, 언어별 검색 등이 가능하다. 영어 출판물의 대표적인 목록은 다음과 같다.

- *Whose Summit? Whose Information Society? Developing Countries and Civil Society at the World Summit on the Information Society*
- *Global Information Society Watch 2007 Report*
- *Gender and ICT*
- *Breaking Barriers: The Potential of Free and Open Source Software for Sustainable Human Development*
- *VoIP-4D Primer: Building Voice Infrastructure in Developing Regions*
- *Triple X, Internet Content Regulation and the ICANN Regime*
- *The Road to Rio: Results-Based Management of the UN Internet Governance Forum*
- *The Future of Voice in Africa*
- *Governance Challenges: Assessing Participation in WSIS from Africa and Its Private Sector(Synthesis)*
- *Out of the Labs and into the Developing World: Using Appropriate Technologies to Promote Truly Global Internet Diffusion*

- *Open Access: Lowering the Costs of International Bandwidth in Africa*
- *Breaking New Ground Towards Each Other*
- *Uniting Through Networks*
- *Open Access Models: Options for Improving Backbone Access in Developing Countries(with a Focus on Sub-Saharan Africa)*
- *Checks and Balances: Engaging Policy-Makers and Regulators in Africa-the CATIA Experience*
- *Regulatory Reform as a Tool for Bridging the Digital Divide*

③ Reports/Guides

정보통신과 관련된 국제기관들의 보고서를 열람할 수 있다.

- *Opening the Internet Governance Forum Debate in Africa*
- *Key Figures*
- *Governance Challenges: Assessing Participation in WSIS from Africa and Its Private Sector*
- *INFO-CIPACO/CHAKULA SPECIAL NEWSLETTER: Africa at the WSIS*
- *The Regulation of Electronic Communications in the Times of Convergence: Challenges, State of Art and Prospects in West and Central Africa*
- *Universal Service and Access Trends in Central and*

West Africa: Case Studies and Prospects

• *Websites of Regulators in West and Central Africa*

• *Selected List of Reference Sources*

CPSR

Computer Professionals for Social Responsibility

컴퓨터전문가기구

① 기구

1) 소재지

주　　소　1370 Mission St., 4th floor, San Francisco, CA94103 - 2654 USA
전　　화　+1 415 839 9355
전자우편　cpsr@cpsr.org
홈페이지　http://www.cpsr.org/

2) 설립연혁

컴퓨터전문가기구(CPSR)는 컴퓨터 전문 교수들로 구성된 단체로 컴퓨터와 기술의 발전이 사회에 미치는 영향에 대해 연구하고, 기술의 발전만으로 사회적 문제들을 해결할 수 있다는 가정에 반대하며, 컴퓨터 관련 사회 이슈들에 대한 진단을 실시한다. CPSR은 1981년에 조직의 구성이 논의되기 시작하여 1983년에 실제적인 활동을 개시하였다. CPSR은 현재 6개 대륙의 26개 이상의 국가에 회원을 두고 있다.

3) 설립목적

① 사회에 중요한 시스템 기술 이용과 관련된 대중논의와 결정
에 대한 대중의 책임 지원 및 장려
② 기술의 무과실성(infallibility)에 대한 사회적 통념 근절
③ 기술만으로 정치적, 사회적 문제를 해결할 수 있다는 가정
에 대한 도전
④ 국가적, 국제적 정보통신에 관한 사회적, 기술적 문제 연구
⑤ 삶의 질 향상을 위한 정보통신 이용 장려

4) 조직

CPSR의 조직은 크게 이사회(Board of Directors), 집행위원회
(Executive Committee), 자문회(Advisory Board)로 구성된다.

5) 주요 사업

CPSR은 다음과 같은 영역에서 활동한다.
① 글로벌 정보사회
② 프라이버시와 시민자유
③ 인터넷 거버넌스
④ 투표기술(Voting Technology)
⑤ 참여적 디자인(Participatory Design)
⑥ 일터에서의 컴퓨터
⑦ 컴퓨터와 그 환경
⑧ 프리 소프트웨어

⑨ 지적재산권

또한 CPSR의 진행 중인 프로젝트는 다음과 같다.

① 선거 프로젝트

② 대중계급 프로젝트

③ 패턴 언어 프로젝트

② 정보원

1) 정보배포정책

CPSR의 정보원은 'Publications'와 'Annual Report'에 있다. 특이한 점은 2004년 이전의 정보는 'Archives'에 따로 분류해 놓고 있다는 것이다.

2) 정보자료

① Publications

다음과 같은 네 가지 종류의 출판물을 열람할 수 있다.

- ***CPSR Complier*** – 회원들에게 제공되는 뉴스레터이다.

- ***Press Releases & Announcements*** – CPSR의 보도내용이다.

  - 2006 Annual Appeal

  - 2005 Annual Appeal

  - CPSR Annual Meeting

  - Archiving CPSR History(April 2005)

- Congratulations to Our 2003 - 04 Essay Contest Winners
- Progress on CPSR's New Web Site
- CPSR Board of Director Elections
- CPSR Life Member joins ICANN Board
- 2004 Annual Appeal
- Open Letter from Recipients of the Norbert Wiener Award
- CPSR's 2004 Norbert Wiener Award to Barry Steinhardt
- U.N. Secretary General Appoints CPSR President to Internet Governance Group
- Expand Unlicensed Spectrum, But Retain Public Interest Review and Dedicated Uses
- CPSR Calls on Internet Community to Protest Malicious Hacking of Arab and Foreign News Web Sites
- CPSR's 2005 Norbert Wiener Award to Douglas Engelbart

- ***CPSR in the News*** - 미디어에 보도된 CPSR 관련 기사를 찾아볼 수 있다.
  - Karen Coyle Featured in March Issue of Privacy Tech News World
  - Nonpartisan Coalition Moves to Protect Black Voters
  - Will Wallace Receives United Nations Online Volunteer Award
  - Economist Covers Sandvig Piece on "Ownerless" Networks

- Paper or Touch Screen?

• ***Recent News*** – 최근 보도자료를 날짜별 순서대로 제공하고 있다. 대표적인 목록은 다음과 같다.

- Conference on Computer – Supported Collaborative Learning
- Think Outside the Bomb Conference – Call for Applications
- e – Chicago Symposium and a Small Gathering of ·CPSR Activists
- 2006 Annual Appeal
- CPSR Supports Human Rights Day
- Election Transparency Project
- Created on November 05, 2006
- Bay Area Free e – Waste Disposal/Recycling Events for September 2006
- ALTER TEMPO
- Press Release
- VA Data Recovered Along with More Leaks
- Legislating Network Neutrality – Necessary?
- Created on June 24, 2006
- Phishing and Hacking go 2.0
- Veterans Data Theft
- USA Today Reveals Massive NSA Database of Americans' Phone Calls
- CPSR Elections: June 2006

136

② *Annual Report*

'About'의 *Annual Reports*에서 연간보고서를 PDF로 제공하
고 있다.

- *Financial Compilation for 2004 ‒ 05*
- *Financial Compilation for 2003 ‒ 04*
- *Annual Report for 2001 ‒ 2002*
- *Annual Report for 1997 ‒ 1998*
- *Annual Report for 1994 ‒ 1995*

③ *Archives*

새로운 웹페이지로 이동해 2004년 이전의 자료를 따로 제
공한다.

- Publications
  - *The Compiler* ‒ CPSR 뉴스레터
  - *PDC 2004 Proceedings*
  - *Using Technology to Control the Flow of Ideas* ‒ CPSR
    저널
  - *DIAC 2002 Proceedings*
  - *Nurturing the Cybercommons, 1981 ‒ 2021* ‒ Fall 2001
  - *CPSR Turns Twenty* ‒ Summer 2001

DOT-COM

DOT-COM Alliance

닷컴연합

① 기구

1) 소재지

주　　소　Barbara Fillip, Information & Dissemination
　　　　　Coordinator DOT-COM Alliance
전　　화　+1 202 884 8003
전자우편　bfillip@aed.org
홈페이지　http://www.dot-com-alliance.org/index.htm

2) 설립연혁/설립목적

닷컴연합(DOT-COM)은 미국국제개발처(USAID: United States
Agency for International Development)의 후원을 받는 프로그
램으로서 모든 개발 부문에서 정보통신기술의 이용을 촉진시키
기 위한 기구이다.

3) 주요 사업

DOT-COM의 활동은 교육, 경제개발, 개발에서의 여성, 농업,

통상, 건강, 환경, 전기통신/전자상거래 정책을 포함한 모든 영역에서 이루어진다. DOT‐COM의 프로그램은 다음과 같은 두 가지 영역에서 이루어진다.

① 단기 교육사업: 전기통신, 인터넷, 전자상거래에 관한 유료 교육 프로그램을 제공하는 미국전기통신교육원(USTTI: U.S. Telecommunications Training Institute)을 통한 장기적 국가 프로그램을 시행한다.

② 정책지원과 법규개정을 위한 정부 간 협약에 의해 연방커뮤니케이션위원회(Federal Communications Commission), 상업부(Department of Commerce) 그리고 다른 연방기관과 국제기구로부터 전문가를 제공받는다.

4) 조직

DOT‐COM은 다음과 같이 세 가지 전문 분야로 나뉘어 운영된다.

① dot‐GOV: 공정한 사용, 전기통신서비스 및 전자상거래에서의 통상, 그리고 21개 파트너와의 인터넷뉴스 네트워크를 기반으로 한 정보통신이 가능한 환경을 형성하기 위한 정책 및 법규개정 촉진

② dot‐ORG: 정보통신기술의 서비스를 받지 못하는 커뮤니티로의 접근 확장과 63개의 파트너와 교육개발원(Academy of Educational Development‐AED)에 의한 개발과 관련한 정보통신기술의 이용의 적용 확대

③ dot‐EDU: 고객중심의 정보통신기술 개입을 통한 교육 및

학습 시스템 강화와 35개 파트너와 교육개발센터(EDC: Education Development Center)에 의한 교육자, 학생, 전문가를 위한 콘텐츠 강화

② 정보원

1) 정보배포정책

DOT－COM의 정보원은 'Library'에서 찾아볼 수 있다. 'eGranary Digital Library(http://www.widernet.org/digitalLibrary/)'로 링크가 연결되어 자료를 열람할 수 있도록 하고 있다. 단 회원으로 등록하여 일정의 요금을 지불해야만 열람이 가능하다.

EFF

Electronic Frontier Foundation

프런티어전자재단

① 기구

1) 소재지

주　　소	Electronic Frontier Foundation 454 Shotwell Street San Francisco CA 94110 – 1914 USA
전　　화	+1 415 436 9333
팩　　스	+1 415 436 9993
전자우편	information@eff.org
홈페이지	http://www.eff.org/

2) 설립연혁

프런티어전자재단(EFF)은 디지털 시대의 표현의 자유를 옹호하기 위해 1990년에 설립되었다. EFF는 기부를 기반으로 하는 변호사, 기술자, 자원봉사자들이 모여 디지털 권리를 위해 활동하는 비영리기구이다.

3) 설립목적

EFF는 온라인에서의 사고와 표현의 자유, 정보와 생각을 공유할 자유 그리고 인터넷을 사용할 수 있는 자유를 확보하는 것을 목적으로 한다.

4) 주요 사업

EFF는 잘못 입안된 법률에 대한 반대운동을 펼치고, 개인의 권리를 옹호할 수 있도록 법적 대리인으로서의 역할을 하기도 한다.

② 정보원

1) 정보배포정책

EFF의 정보원은 'News'와 'Press Releases'에 있다. 보도자료를 통해 EFF의 활동을 자세히 알 수 있다.

2) 정보자료

① News

2004년 3월부터의 보도자료를 열람할 수 있다. 가장 최근의 대표적인 목록은 다음과 같다.

- ***Senator Cites EFF FOIA Work in Call for Investigation of Attorney General***

142

- *EFF FOIA Docs: Soldiers Rarely Blog Information That Threatens Military Operations*
- *Judges Grill Government at NSA Surveillance Hearing*
- *EFF Needs You Now － Support Our Case against AT&T*
- *Appeals Court Battle over NSA Surveillance on Tomorrow*
- *More on the NSA and "General Warrants"*
- *Minilinks for 2007 － 08 － 13*
- *Let 1,000 YouTube Debate Remixes Bloom!*
- *First Sale, Why It Matters, Why We're Fighting for It*
- *D.C. Court's "State Secrets" Ruling may Have Broader Consequences*
- *Minilinks for 2007 － 08 － 07*
- *Just Before Recess, Senate Approves FOIA Reform Bill*
- *Congress Passes NSA Spying Bill(Updated)*
- *Following Blistering Review That Highlighted Widespread Vulnerabilities, California Decertifies Flawed Election Equipment*

② Press Releases

키워드 검색을 통해 원하는 자료를 찾아볼 수 있다. 최근의 목록은 다음과 같다.

- *AT&T Must Face Justice for Illegal Spying*
- *Appeals Court Battle over NSA Surveillance on August 15*

• Online CD Seller Fights Universal's Bogus Infringement Allegations

EPIC

Electronic Privacy Information Center

전자개인정보센터

☐ 기구

1) 소재지

주　　소　　1718 Connecticut Ave. NW Suite 200,
Washington, DC 20009 USA
전　　화　　＋1 202 483 1140
팩　　스　　＋1 202 483 1248
홈페이지　　http://www.epic.org/

2) 설립연혁

전자개인정보센터(EPIC)는 1994년에 설립된 미 수정헌법 1조
의 표현의 자유 등에 대한 헌법적 가치와 권리를 보장할 수 있
도록 관련된 정부의 정책과 기업의 활동에 대한 공공의 관심을
집중시키고 그에 대한 대안을 마련하는 작업을 하는 단체이다.

3) 설립목적

EPIC의 설립목적은 떠오르는 시민자유에 관한 이슈에 대중의 관심을 집중시키고 프라이버시를 보호하는 데 있다.

4) 주요 사업

EPIC는 주로 출판사업에 집중한다. 이메일 및 온라인을 통해 제공되는 정보화 시대의 시민자유에 관한 주제를 이루는 EPIC 뉴스레터는 상을 받기도 했다. EPIC은 또한 프라이버시, 열린 정부, 연설의 자유 등 시민자유에 관한 주요 토픽에 대한 보고서나 서적을 출판한다.

② 정보원

1) 정보배포정책

EPIC의 정보원은 'Press Releases', 'Reports', 'News', 'Annual Report', 'Publications'으로 나뉜다. 보고서는 'Online Reports'에서 PDF로 다운받아 무료열람이 가능하나, 출판물은 별도로 주문해야 열람이 가능하다. 단, 출판물에 대한 요약문은 홈페이지상에서 열람할 수 있다. 'Annual Report'는 홈페이지 왼쪽 중앙 부분에 가장 최근 보고서를 PDF로 제공하고 있다.

146

2) 정보자료

① Press Releases

EPIC의 보도자료이다.

- ***EPIC and 42 Groups Launch Campaign against REAL ID***
- ***EPIC Responds to Draft REAL ID Regulations***
- ***Court Orders Release of Spy Program Records***
- ***EPIC Testifies before Congress on Phone Record Sales***
- ***Choicepoint to Pay Record $15 Million in FTC Action***
- ***EPIC Sues Justice Department for Surveillance Documents***
- ***EPIC Patriot Act Press Conf‒Dec 13, Capitol Hill***
- ***EPIC and Patient Privacy Rights Launch Campaign***
- ***Coalition Urges End to Commercial Database for Recruiting***
- ***EPIC Files Privacy Brief in DNA Dragnet Case***
- ***EPIC Celebrates International Right to Know Day***

② Reports

홈페이지상에서 PDF로 다운받아 열람이 가능한 목록은 다음과 같다.

- ***Privacy Self‒Regulation: A Decade of Disappointment***
- ***Paying for Big Brother: A Review of the Proposed FY2003 Budget for the Department of Justice***
- ***Your Papers, Please: From the State Drivers License to***

　a National Identification System
- *Pretty Poor Privacy: An Assessment of P3P and Internet Privacy*
- *Surfer Beware Ⅲ: Privacy Policies without Privacy Protection*
- *Surfer Beware Ⅱ: Notice is Not Enough*
- *Surfer Beware: Personal Privacy and the Internet*
- *Critical Infrastructure Protection and the Endangerment of Civil Liberties: An Assessment of the President's Commission on Critical Infrastructure Protection(PCCIP)*
- *Faulty Filters: How Content Filters Block Access to Kid‐Friendly Information on the Internet*

③ News

외부 보도자료에서 볼 수 있는 EPIC에 관한 뉴스를 열람할 수 있다. 최근의 보도내용은 다음과 같다.
- "US Lawmakers Try to Restrict Usage of Social Security Numbers", on ***InterGovWorld.com***
- "Software Lets Parents Monitor Kids' Calls", in ***CNet News***
- "Advertisements That Watch You Smile", in ***Deutsche Welle***
- "Looking into Baltimore, London Cameras", in ***Charlottesville Newsweekly***
- "News Analysis: Marketers Eye Google in Web Privacy

War", in ***Brandweek***

- "How to: Protect Your Privacy Online and Why", on ***Journalism.co.uk***
- "Do We Really Want Big Brother Watching Us?" in ***American Chronicle***
- "Momentous NSA Injunction: Experts' First Impressions", in ***Wired News***
- "Google's DoubleClick Buy Draws EU Criticism" on ***Webpronews.com***
- "Sunshine Law Turned 40(or 41) on July 4", in ***Wired News***
- "Feds' Immigration Database Wrongly Flags 18M Workers", in ***Tuscon Citizen***
- "Legal — Worker Database Flawed", in ***The Arizona Republic***
- "Disney: The Happiest Privacy Breaches on Earth", ***Peter Greenberg Travel News***
- "Network of Surveillance Cameras Proposed for Pittsburgh", in ***Pittsburgh Post — Gazette***
- "Mobile Devices Ripe Targets for Spies", on ***Theage.com.au***
- "The Net Effect of Google", in ***Gainesville Sun***
- "Mobile Devices Ripe Targets for Spies", on ***Yahoo! News***
- "Privacy Advocates Resist REAL ID Act", on ***CIO.com***

- "Caller ID Spoofing", on **ABC News**
- "Court Mandates Warrant for E－Mail Search", in **Sci －Tech Today**
- "The Credential Conundrum", on **GCN.com**
- "Ogled By Google", in **Hartford Courant**
- "Busy Season for Merger Cops", in **Seattle Times**
- "Google's Privacy Policies Worst on Web: Watchdog", on **Canada AM TV**
- "Google Called Worst at Protecting Privacy", in **Marketplace**
- "Groups Want Limits on Google", in **San Francisco Chronicle**
- "Does Facial Recognition Invade Your Privacy?", on **GCN.com**
- "New Agency Aims to Upgrade Spy Technology", in **Daily Herold**
- "Real ID Act Coming to Your Town－Maybe", on **NewsMax.com**
- "Real ID, Real Debate", in **Washington Technology**
- "Regulators Check Google－Double Click Deal", in **MacWorld**
- "White House Edits to Privacy Board's Report Spur Resignation", in **Free Internet Press**
- "HPD Wants Cameras to Monitor Crime", in **Houston Chronicle**

- "Two Controversial Bills Aim to Rein in Identity Theft", on **ZDNet.com**
- "Face Recognition Next in Terror Fight", in **USA Today**
- "Privacy Groups Renew Push against Real ID Bill", in **Computer World**
- "Google Nudges States to Make Records More Accessible", in **USA Today**, April 30, 2007, with EPIC Executive Director Marc Rotenberg
- "Borders Spell Trouble for Arab–American", in **New York Times**
- "For Judges, Danger Can be Part of the Job", in **Tampa Tribune**
- "On the Government's 'Watch List'", in **San Francisco** Chronicle
- "160 000 Personal Files Stolen Latest US Retailer Breach", in **Secure Computing Magazine**
- "Municipal Wi–Fi Raises Privacy Concerns", in **Top Tech News**
- "White House Panel Pushes New Identity Fraud Laws", in **ZN News Asia**
- "The Sell–Phone Revolution", in **Businessweek**
- "Privacy Group Objects to DoubleClick Deal", in **Washington Post**
- "Google Draws Privacy Complaint to FTC", in **CNET News**

- "EPIC, CDD ask FTC to Block Google‐DoubleClick Merger", in ***IT World***
- "FTC Asked to Block Google‐DoubleClick Merger", in ***PC World***
- "Georgians' Personal Data Lost", in The Atlanta Journal‐Constitution
- "Email Privacy", on ***C‐Span Washington Journal***
- "Telecom Firms Oppose FCC's New Rules on Phone Privacy", in ***Washington Post***
- "FCC Imposes Rules Designed to Prevent Pretexting", in ***CNET News***
- "FCC Adopts New Phone Privacy Rules", in ***USA Today***
- "Debate Lingers over Federal Data‐Handling Laws", in ***InfoWorld***
- "TJX Says 45 Million Credit Cards Hacked", in ***Sci‐Tech Today***
- "Privacy Advocates: Risk is Embedded in Each e‐Passport", on ***NJ.com***
- "Payment Systems Culprit in TJX Heist", in ***InfoWorld***
- "Privacy Experts Take on Commission over US Data Deal", in ***EurActiv***
- "FBI Provided Inaccurate Data for Surveillance Warrants", in ***Washington Post***
- "Terror Database Has Quadrupled in Four Years", in

Washington Post

- "New Security Scanner Sees through Clothes, but with Modesty", on ***National Geographic News***
- "DHS: REAL ID Protects Your Privacy, We Promise", on ***Homeland Stupidity.com***
- "Homeland Security Spins, Plays Down Real ID Privacy Worries", in ***RNN***, March 22, 2007, with EPIC ID and Surveillance Project Director Melissa Ngo
- "Homeland Security Dismisses Real ID Privacy Worries", in ***CNET News***
- "Mini Says a 'High – Tech Hello' to It's Drivers", in ***MSNBC***
- "Google Enters Partnership to Support Free EHRs", on ***iHealthbeat.org***
- "Medical Site is on a Mission to Set Records", in ***San Francisco Chronicle***
- "Google Adding Search Privacy Protections", in ***CNET News***
- "Feds Test New Data Mining Program", in ***USA Today***
- "Caller ID Spoofing Round Two: Bill Now Heads to Full Committee", ***in Telecom Policy Report***
- "'Privacy Panel' Okays White House's Electronic Eavesdropping Program", in ***New York Sun***
- "Insider ID Threats", in ***Red Herring***
- "Homeland Security Abandons Plan to Make Foreign

Nationals Carry Tracking Chips", at the ACS Blog Cites
- "House Moves to Outlaw Phone Number Spoofing", in *Information Week*
- "Adding to Security but Multiplying the Fears", in *The New York Times*
- "Homeland Security Goes Local", at the Council for *Foreign Relations*
- "Legislation Targets Data Security", in *PCWorld*
- "Backscatter", (video) on *ABC Nightly News*
- "Fusion Centers: Intelligence Goes Local", at the Council for Foreign Relations
- "New Airport Scanner Gets Personal", at *CBS News*
- "REAL ID Act Could Endanger Victims of Domestic Violence", at ACS Blog Cites
- "Reverse 911", on *CNN*
- "Second Hospital Reports Lost Data", in *The Baltimore Sun*
- "Congress Seeks 'Bite' for Privacy Watchdog", in *The Washington Post*
- "Escaping the Watch List", in *U.S. News and World Report*
- "New Pretexting Bill Introduced in Congress", in *CIO Magazine*
- "Debate Growing over Data Security", in *The Baltimore Sun*

- "Does Real ID Really Work?" in ***The Washington Technology***
- "A Medical ID Business, Much Criticized, Plans a Stock Offering", Coverage in ***The New York Times***
- "Phone Rules to Halt Pretexting are Debated", Coverage in ***The Boston Globe***
- "FBI Wants First Notice When Phone Records Stolen", ***RCR Wireless News***
- "Genetic Profiling", on ***Examiner.com***
- "Howard Bernstein Dies at 63", in ***Wesleyan Connection***
- "Hollywood Dips into Watermarking", in ***Red Herring***
- "Hilary: The Privacy Candidate", in ***Wired News***
- "Is Baseball Drugs Ruling a Fourth−Amendment Foul?", in ***The Wall Street Journal***
- "Fixing the e−Voting Mess", in ***Information Week***
- "NSA Helped Microsoft Set Security for VISTA", in ***Computerworld***
- "Justice Dept. Pushes FBI to Hasten Data Sharing", on ***CSOonline.com***
- "DOJ Pushes to Broaden Data Sharing", in ***Computerworld***

③ Publications

모든 출판물은 별도로 구매하여야 한다. 최근의 대표적인 목록은 다음과 같다.

- Litigation under the Federal Open Government Laws (FOIA)
- Privacy & Human Rights: An International Survey of Privacy Laws and Developments
- Privacy Law Sourcebook: United States Law, International Law, and Recent Developments
- The Public Voice WSIS Sourcebook: Perspectives on the World Summit on the Information Society
- Filters & Freedom 2.0: Free Speech Perspectives on Internet Content Controls
- Cryptography & Liberty: An International Survey of Encryption Policy
- Consumer Law Sourcebook: Electronic Commerce and the Global Economy

ePol – Net

Global ePolicy Resource Network

글로벌정책자원네트워크

1 기구

1) 소재지

주　　소	Aida Opoku – Mensah, Officer – in – Charge ICT, Science & Technology Division(ISTD) Economic Commission for Africa P. O. Box 3001, Addis Ababa, Ethiopia
전　　화	+251 11 5511167
팩　　스	+251 11 5510512
전자우편	info@epolafrica.org
홈페이지	http://www.epolafrica.org/

2) 설립연혁

글로벌정책자원네트워크(ePol – Net)는 2001년 제노아 정상회담 (Genoa Summit)에서 G8의 수장들이 결의한 DOT Force Plan of Action에 의해 설립되었다. 설립 당시의 이름은 국제 e – 개 발자원네트워크(IeDRN: International eDevelopment Resource Network)이었다.

ePlo‐Net의 상품과 서비스는 전자전략(e‐strategies)에 대한 정보로의 접근과 전자전략 및 정책구조를 지식화하고 형성하며 실행하는 데 있어서의 지원이 필요한 개인 및 기관에게 제공된다.

3) 설립목적

ePol‐Net은 개발을 위한 국가 전자전략의 지원에 있어서의 국제적 노력을 집결시키기 위해 설립되었다.

4) 주요 사업

- 전자전략 정보 및 전문성의 제공자들을 모을 수 있는 중심역할을 제공
- 개발도상국의 정책입안가들에게 개발지원서비스와 정보상품 및 서비스 제공
- 개인 및 기관들이 정보통신과 관련하여 현존하는 지식에 대한 이해 및 적용을 위한 개발지원서비스 제공
- 다른 곳에서는 찾을 수 없는 전자정보에 관한 특화된 정보와 지식 정보상품 및 서비스 제공

② 정보원

1) 정보배포정책

ePol‐Net의 정보원은 'News & Events'와 'Resources' 그리고

'Services'에서 찾아볼 수 있다. 'Resources'와 'Services'에서는 ePol-Net의 활동에 대한 정보를 열람할 수 있다. 'Search'를 통해 키워드 검색도 가능하다.

2) 정보자료

① News & Events

최근 자료의 대표적인 예는 다음과 같다.

- *2007 Anglophone Countries Call on Each Other to Share Their Experiences in Addressing the Issue of Gender Mainstreaming in ICT Strategies*
- *2007 Technology in Government in Africa(TIGA) Awards*
- *Ethiopian SMEs Receive Orders via E-mail Despite the Non-Existence of an Online Payment System*
- *Building an Inclusive Information Society in the SADC Region: Making ICTs Work in Parliaments*
- *Experts Confirm ICT as Tool for Growth and Competitiveness in African Economies*
- *ECA, ECOWAS and UEMOA to Chart a Legal Framework for ICT Development in West Africa*
- *2007 Technology in Government in Africa(TIGA) Awards*
- *Regional e-Government Framework for the East African Community(EAC) Approved*
- *Africa Participates in the Canadian Government Technology Exhibition and Conference for the Second Year*

- *ECA Organizes a Training Course on Internet Governance for African Policymakers*
- *Meeting of Experts on ICTs, Trade and Economic Growth(A Follow up to the Forum on ICTs, Trade and Economic Growth)*

② Resources

다음과 같은 내용의 유엔 등 국제기구의 보고서나 자료를 제공하고 있다.

- *East African Community Secretariat. Regional e-Government Framework(Draft): Executive Summary*
- *Resources on e-Government*
- *Resources on e-Commerce Strategies*
- *African Governments on the Internet*
- *African Local Governments on the Internet*
- *African Academia on the Internet*
- *Selected African e-Commerce Sites*
- *ePol-Net: Marshalling Global Efforts*
- *ePol-NET Partners*
- *Digital Opportunities for Africa*
- *Remarks by Mr. K. Y. Amoako, Executive Secretary of the ECA, at the Launch of the Africa Node of the ePol-Net*
- *Canada Contributes to African e-Policy Resource Network*
- *African Information Society Initiative Radio Series: Dialogue on Digital Dividends in Africa*

160

- ***AISI Briefing Paper, No.1, January 2003. Towards an Information Society in Africa: The Case for National Policies***
- *iConnect Africa*
- ***PICTA BULLETIN***
- *The ICT Maps of Africa*
- *NICI Graph*

③ Services

유엔에서 제공하고 있는 정보통신관련 서비스 중 다음과 같은 주제로 서비스를 제공하는 웹사이트로의 링크를 제공한다.

- Web Portal on African National e-Strategies(National Information and Communication Infrastructure(NICI) Plans and Strategies, as Defined by the AISI
- Summaries of Thematic Electronic Discussions That are Part of the Outreach Program for Stakeholders in Africa: The IDRC/ECA Scan-ICT Project

[Development of e-Resources]
- Resources on e-Government
- Resources on e-Commerce Strategies
- African Governments on the Internet
- African Local Governments on the Internet
- African Academia on the Internet
- Selected African e-Commerce Sites

[Portals on Thematic Issues]

- Internet Health Resources
- Regional Integration

FRIDA

Regional Fund for Digital Innovation in the Latin America and Caribbean

라틴아메리카및캐리비안지역디지털혁신기금

① 기구

1) 소재지

주 소	Rambla República de México 6125 Montevideo, 11400, Uruguay
전 화	+598 2 6042222
팩 스	+598 2 6042222
전자우편	proyectos@programafrida.net
홈페이지	http://www.programafrida.net/en/

2) 설립연혁

라틴아메리카및캐리비안지역디지털혁신기금(FRIDA)은 LACNIC, CEA/IDRC 그리고 ICA에 의해 설립되었다. 이 프로그램의 첫 단계는 13개국의 28개의 프로젝트를 선정하고 지원함으로써 마무리되었다.

3) 설립목적

FRIDA의 설립목적은 라틴아메리카와 캐리비안 지역 국가들의 정보통신 영역에 있어서의 연구개발을 촉진시키는 데 있다.

4) 주요 사업

FRIDA는 지역 연구팀에 의해 개발된 프로젝트를 재정적으로 지원하기 위한 기금을 마련하여 경쟁적으로 선별된 프로젝트에 지원금을 제공한다. 프로젝트 선정은 1년에 한 번 정기회의 때 이루어진다.

② 정보원

1) 정보배포정책

FRIDA의 정보원은 'FRIDA Projects'에서 찾아볼 수 있다. 프로젝트 관련 보고서 및 출판된 논문을 열람할 수 있는데, 지역의 특징상 모든 정보는 스페인어로 제공되고 있다.

FSF

Free Software Foundation
프리소프트웨어재단

1 기구

1) 소재지

주　　소	Free Software Foundation Franklin Street, Fifth Floor Boston, MA 02110 – 1301 USA
전　　화	+1 617 542 5942
팩　　스	+1 617 542 2652
전자우편	info@fsf.org
홈페이지	http://www.fsf.org/

2) 설립연혁

프리소프트웨어재단(FSF)은 미국 보스턴에서 시작한 비영리기구로서, 지불된 비용의 유무에 상관없이 일단 소프트웨어를 입수한 뒤에는 프로그램을 복제하고 친구나 동료와 함께 이를 공유할 수 있는 자유, 소스코드를 원용해서 이를 개작할 수 있는 자유, 개작된 프로그램을 배포할 수 있는 자유가 있다고 주장하며 이러한 자유의 보장으로 공동체 발전에도 기여한다.

3) 설립목적

FSF는 컴퓨터 소프트웨어의 사용, 연구, 복제, 수정, 재분배의 자유를 보존하고 보호하고 증진시키고 또한 모든 프리소프트웨어 사용자들의 권리를 옹호하는 데 그 설립목적이 있다.

4) 프로젝트

① GPLv3.fsf.org

재검토된 GNU 일반 공중 라이선스(General Public License)의 초안이 의견(Comment) 수렴을 위해 공개되었다. 이 프로젝트는 2006년 1년 동안 소프트웨어 개발자, 소프트웨어 사용자들을 불러 모아 이 소프트웨어를 갱신하려는 노력을 한 바 있다.

② GNU

FSF는 GNU 프로젝트의 주요 후원기관이다. FSF는 또한 GNU 소프트웨어 유지자들을 위한 모든 이메일과 쉘 서비스를 포함한 시스템 개발을 제공하기도 한다.

③ GPL 감사위원회(GPL Compliance Lab)

GPL 감사위원회는 1992년부터 FSF의 비공식적인 사업으로 존재해 왔고, 2001년 12월에 공식적인 사업이 되었다. 감사위원회는 보고된 GPL 위반 감사와 위반이 확인되었을 시 관련 라이선스 강화를 위해 활동한다. 이 위원회는 또한 다른 저작권 소유자들이 GPL 강화를 원할 때 이를 지원한다.

GPL 감사위원회는 GNU GPL에 관한 일반적인 '지식 인프라스트럭처'를 제공한다.

④ 프리소프트웨어 디렉터리
프리소프트웨어 디렉터리는 1999년 9월에 시작되어 모든 유용한 소프트웨어의 카탈로그를 제공해 왔다.

② 정보원

1) 정보배포정책

FSF의 정보원은 'Resources'란에 있다. 소프트웨어 자유를 촉진시키기 위해서 지원자들에 의해 제공받은 정보들을 무료로 제공하고 있다.

2) 정보자료

① Free Software Directory
5,000개의 프리소프트웨어 패키지의 디렉터리다. 2007년 8월 현재 가장 최근 올려진 10개의 디렉터리는 다음과 같다.
- 도메인 헌터(Domain Hunter)
  간단한 도메인 감시 어플리케이션
- EKVI X Cms
  모듈러 콘텐츠 관리시스템
- 테스트디스크(TestDisk)

분할/구획(partitions)을 점검하고 지우지 않음
- GNU SASL

  SASL 네트워크 인증도서관
- Eric

  Python 개발환경
- Gnuschool

  교육자, 학생, 학교 행정가들을 위한 웹어플리케이션
- Ctalk

  언어를 위한 개체중심의 확장자
- LimeSurvey

  온라인 조사도구(Survey Tool)
- Evil Greg Vs. Eight Year Olds

  Pygame을 이용한 Python에서의 아케이드 게임
- Fetchconfig

  다중장치를 위한 환경설정(Configurations)을 부활시키기
  위한 스크립트

② Hardware Database

모뎀, 프린터, 음향장치, 저장장치, 비디오카드 등의 하드웨
어에 대한 정보를 제공한다.

③ Jobs in Free Software

프리소프트웨어 지지자들에게 흥미 있을 만한 구인광고를
할 수 있다.

④ Service Directory

프리소프트웨어를 제공하는 자들에 대한 정보를 제공한다.

⑤ Press and Publicity

주로 보도자료를 제공한다.

⑥ Testimonials

프리소프트웨어 사용의 성공적인 사례에 대한 보고내용을 열람할 수 있다.

- Why Open Source/Free Software(OSS/FS)? Look at the Numbers! by David A. Wheeler

⑦ Free BIOS

Free BIOS를 지원하기 위해 알려진 마더보드의 리스트를 찾아볼 수 있다.

⑧ File Formats

FSF가 추천하는 파일포맷을 사용하고 설치하기 위한 정보를 열람할 수 있다.

⑨ Free Software Advocacy Materials

프리소프트웨어에 대해 타인에게 알릴 때 도움이 되는 자료를 제공하고 있다.

GAID

Global Alliance for ICT and Development

글로벌정보통신개발연합

① 기구

1) 소재지

주   소   1 UN Plaza, Room DC1-1464 New York,
           NY 10017, United States
전   화   +1 212 963 5796
팩   스   +1 917 367 4340/+1 212 963 2812
전자우편   gaid@un-gaid.org
홈페이지   http://www.un-gaid.org/

2) 설립연혁

글로벌정보통신개발연합(GAID)은 세계 각국의 정부, 민영 부문, 시민사회, 통신기술 및 인터넷 커뮤니티와 학계의 포괄적인 협의를 거쳐 2006년 유엔사무총장에 의해 승인되었다. 2005년 유엔 정상회담에서 새천년개발계획(MDGs: Millennium Development Goals)을 포함한 개발목표를 국제적으로 달성하기 위해서는 정보통신의 역할이 중요하다는 것을 강조하면서, 개발을 위한 정보통신과 관련한 이슈들을 포괄적으로 다루는 글로벌 포럼의 필요성이 대두되었다. MDGs를 달성하는 데 있어서 일개요소가 단일적으로 작용할 수 없다는 것을 인식하면서 정보통신을 이용한 의사소통의 혁신이 중요하다는 점 또한 강조되었다. GAID는 이러한 필요성에 입각하여 형성되었다. 다양한 관계자들을 이용한 접근법을 기본으로 GAID는 인간중심 및 지식중심의 정보사회가 필수적이라는 믿음을 바탕으로 활동한다.

3) 설립목적

GAID는 국제적으로 동의된 개발목표, 특히 빈곤 감소와 관련된 목표를 달성하기 위한 정보통신의 사용을 위한 각 부문 간 정책을 연결하는 글로벌 포럼 및 토론회(platform)를 위한 필요성과 요구에 부응하는 데 그 목적이 있다.

4) 조직

GAID는 유엔사무총장과 유엔경제사회이사국(ECOSOC: Economic and Social Council)을 기본으로 한 유엔의 지원을 받는 파트너십과 네트워크를 중심으로 활동한다.

운영위원회(Steering Committee)는 GAID의 본부역할을 한다. 운영위원회는 위원장, 부위원장이 중심이 되어 전반적 감독과 지시를 하는 역할을 한다.

고위급 전략자문회(Strategy Council)는 전략적 지시 및 우선사업 선정의 역할을 한다. 전략자문회는 고위급 정책결정가, 변호사, 전문가 등을 포함한다. 전략자문회의 일원이 되기 위해서는 개발을 위한 정보통신의 역할에 대한 책임, 경험, 비전이 있어야 한다.

최우수네트워크(Champions Network)는 정보통신 사용을 통한 개발을 촉진시키기 위해 활동가, 전문가, 변호사들로 이루어진 그룹이다. 이 네트워크는 GAID 활동을 통하여 알려진 모범사례 및 배울 점 등을 지역 및 국가단위로 확산시키는 역할을 한다.

5) 주요 사업

① 유엔 개발 아젠다로의 글로벌 정보통신 아젠다 주류화

② 국제적으로 동의된 개발목표를 이루기 위한 협조와 효율성을 강화하기 위한 개발을 위하여 정보통신(ICT4D: ICT for development)과 관련된 주요 기관들의 협력 도모

③ ICT4D 정책 문제에 관한 정책결정자들의 인식 증가

④ 특정한 개발목표와 적당한 파트너십을 위해 기술적 해결방안 모색 촉진

⑤ 빈곤을 위한 투자 및 빈곤층의 권한 강화를 위한 가능한 환경 및 혁신적인 비즈니스 모델 창조

⑥ ICT4D와 관련된 사항에 대한 싱크탱크 및 유엔사무총장의 자문기관으로서 활동

② 정보원

1) 정보배포정책

GAID의 정보원은 'News'와 'WSIS‑Online'에서 찾아볼 수 있다. 'News'의 보도내용은 웹페이지 왼쪽 하단의 'Priority Areas'에서 주제별 열람도 가능하다. 'WSIS‑Online'에서는 유엔의 'World Summit on the Information Society' 웹페이지로 이동하여 원하는 자료를 검색할 수 있는 기능을 제공하고 있다.

2) 정보자료

① News

주제별 보도내용을 살펴보면 다음과 같다. 단 주제 간 내용이 반복되기도 한다.

[Education]

- Capacity Building
  - *i4d: ICT Faces Big Challenge to Implement e‑Governance in Africa*
  - *ADEN: Launching of the First Call for Project Proposals of the ADEN Fund*
  - *INN: 75% of House‑Holds in Pakistan to be Covered with High Speed Internet by 2015*
  - *UNITAR Webinar Series*
- Distance Learning
  - *ECA: African Government Innovation in Information*

Technology Rewarded

- *e - Learning Africa 2007 - 2nd International Conference on ICT for Development, Education and Training*
- *EIndia 2007*
- *Beyond Distance Research Alliance*
- *Action Plan and Resources*
- *Beyond Distance Research Alliance*

• Science, Technology and Innovation

- *Informal Summary - "UN Meets Silicon Valley", Mountain View, CA,* 28 February 2007
- *CSTD High - level Round Table and Side Event: Building a Knowledge Society for All*
- *CircleID: U.S. Government to Spend up to US$10M on Internet Redesign, Aka GENI*
- *eGov Monitor: Panel on IT and Development to be Held in Geneva,* 22 May
- *Panel on Information Technology and Development to be Held in Geneva,* 22 May
- *Commission on Science and Technology for Development, Tenth Session*
- *Panel Discussion on "ICT for Development - A Follow up to the World Summit on the Information Society"*
- *Going for Growth: Science, Technology and Innovation in Africa*

- Teachers Training
    - *Recommendations from the UN GAID Chairman*
    - *G@ID Community of Experts on ICT for Education*
        - *Thoughts for Discussion*
    - *ICT Competencies for Teachers*

[Entrepreneurship]

- Business Enterprise
    - *The Standard: Sh7.8 Billion Windfall for Local ICT Sector in Kenya*
    - *APP: Tech Companies Looking to Poorer Countries' Markets, UN Panel Told*
    - *Entrepreneurship, ICTs and Economic Growth*
    - *Towards a Community of Practice on ICTs and Entrepreneurship*
- Employment
    - *Global Alliance Launches Website, Blog for Geneva Youth Forum*
    - *ECA: Africa "Must Become Key Player" in Information Society*
    - *Fifth Meeting of the Committee on Development Information(CODI V)*
    - *United Nations World Youth Report 2007*
    - *Entrepreneurship, ICTs and Economic Growth*
- Enabling Environment

nsfers by Mobile
- *Mobile Banking － An African Perspective*
- *Providing Financial Services to the Un/Under － Banked － Work Plan Overview*
- *Expanding Financial Services to the Unbanked*
- *Grameen Foundation and Nokia Launch Village Phone Direct*

• Poverty Eradication
- *United Nations Millennium Declaration*
- *The UN Millennium Development Goals*
- *GAID Business Plan*
- *TED: Iqbal Quadir: The Power of the Mobile Phone to End Poverty*
- *Panel in Geneva Calls for Massive Investment in Information and Communications Technology for Development*
- *infoDev Commissions ICT and Rural Livelihoods Knowledge Map*
- *World Information Society Day 2007 － Tale of Two Worlds: Keeping Pace with a Moving Target*
- *Panel Discussion on "ICT for Development － A Follow up to the World Summit on the Information Society"*
- *Ⅶ Infopoverty World Conference: "Towards a Social Use of the ICTs at the Service of the Millennium*

Development Goals"

[Governance]

- e－government
    - *i4d: ICT Faces Big Challenge to Implement e－Governance in Africa*
    - *The Standard: Sh7.8 Billion Windfall for Local ICT Sector in Kenya*
    - *IDRC－Supported e－Government Project Wins Regional and International Awards*
    - *Recommendations from the UN GAID Chairman*
    - *i4d: Common Standards for e－Governance Solutions*
    - *eGov Monitor: Panel on IT and Development to be Held in Geneva,* 22 May
    - *ECA: African Government Innovation in Information Technology Rewarded*
    - *World Bank: ICT Provides Additional Growth for Ghana*
    - *TMCnet: 'Digital Villages' to be Set up All over Kenya to Speed up Access to Data*
    - *Ⅶ Infopoverty World Conference: "Towards a Social Use of the ICTs at the Service of the Millennium Development Goals"*
- Local Authorities
    - *European Information Society Conference EISOC 2007*

[Health]

• Telemedicine

- *ICTA: Telemedicine at the Kurunegala Teaching Hospital*

- *EFY Times: Telemedicine is the Call of e − Governance*

- *ENN: Digitally Disadvantaged Strive to Get Online*

[Other ICRD Topics]

• Connectivity and Access

- *Informal Summary of the Second GAID Strategy Council Meeting*

- *Information Technology Central to Quest for Development, Dignity, Peace, Secretary − General Tells Global Alliance*

- *GAID Business Plan*

- *i4d: ICT Faces Big Challenge to Implement e − Governance in Africa*

- *The Standard: Sh7.8 Billion Windfall for Local ICT Sector in Kenya*

- *Development Gateway: Scaling Telecenters for Development: Extensive Interview with Barbara Fillip and Mark Surman*

- *Guardian Unlimited: China Overtaking US for Fast Internet Access as Africa Gets Left Behind*

- *Applications for New Communities of Expertise (COEs)*
- *infoDev: Quick Guide to Internet Connectivity Issues in African Universities*
- *Eldis: Options for Terrestrial Connectivity in Sub-Saharan Africa -Backbone Networks for African Mobile Phones*
- *Recommendations from the UN GAID Chairman*
- *ITU: Regulators and Industry Address ICT Infrastructure Gap in Africa*
- *The Independent: Laptop Wars: The £50 Computer Under Attack from a Silicon Valley Giant*
- *IHT: Intel and Asustek to Make Low-Cost PCs*
- *TED: Iqbal Quadir: The Power of the Mobile Phone to End Poverty*
- *UN News: Internet Governance Forum in November to Address Access, Security Issues, UN Official Says*
- *INN: 75% of House-Holds in Pakistan to be Covered with High Speed Internet by 2015*
- *AHN: A Demand for IT Applications Needed for Big Tech Firms to Enter Emerging Markets*
- *APP: Tech Companies Looking to Poorer Countries' Markets, UN Panel Told*
- *ArsTechnica: India's "$10 laptop" Plans: Yeah, Right*
- *DgCommunities: Options for Terrestrial Connectivity*

in Sub‒Saharan Africa

- *BBC: '$100 Laptop' Sparks War of Words*
- *ITU: Three Major Announcements Made to Curb Cybercrime, Connect Africa and Connect the Young*
- *IRNA: Create an Open, Inclusive, Development‒Oriented Information Society‒Ban Ki‒Moon*
- *Bringing the Benefits of IT to Emerging Markets*
- *Message from Mr Ban Ki‒moon, UN Secretary‒General‒17 May 2007, World Telecommunication and Information Society Day*
- *DFID: e‒Africa and m‒Africa: How can ICTs Deliver?*
- *IHT: For the Rural Poor, Cellphones Come Calling*
- *Reuters: World Bank Gives Africa $164.5 Mln for Internet Connections*
- *World Bank: ICT Provides Additional Growth for Ghana*
- *TMCnet: 'Digital Villages' to be Set up All over Kenya to Speed up Access to Data*
- *World Information Society Day 2007‒Tale of Two Worlds: Keeping Pace with a Moving Target*
- *ICT4D Policy and Social Inclusion: A Framework for Evaluating Policy Outcomes*
- *IFC: EASSy Cable‒Summary of Proposed Investment*
- *World Bank: Addressing Africa's 'Missing Link'*
- *Fibre for Africa*

- *ITID: The Use of Mobile Phones by Microentrepreneurs in Kigali, Rwanda: Changes to Social and Business Networks*
- *The NEPAD ICT Infrastructure Programme*
- *OhioLINK: ICT as Tools for Socio — Economic and Political Development: The NCCK Huruma Community Telecenter as a Case Study*
- *Building the Broadband Economy 2007*
- *Broadband for Development in the ESCWA Region — Enhancing Access to ICT Services in a Global Knowledge Society*
- *The Economic Times: Developing Nations to Test $150 Laptops*
- *ICTA: Life after Connectivity in Sri Lankaâ TMs First e — Village*
- *UNESCO and PC Refurbishment*
- *The 2007 W2i Wireless Communities Awards: Nominaion Period Opens*
- *All Africa: Digital Divide — UN Seeks Partnership with ICT Industry*
- *IHT: Cellphones Open Front in Fight against Disease*
- *The Commonwealth Connects 2007 — International e — Partnership Summit*
- *Foreign Policy: Seven Questions: Wiring the World's Poor*

182

- *EIndia 2007*
- *FT: UN Warning to Silicon Valley over Digital Rift*
- *Information Week: UN, Silicon Valley Leaders Focus on Technology In Developing Countries*
- *Low－Cost Internet Next Step in Closing Digital Divide, Officials Tell UN Forum*
- *Forbes: UN Officials Discuss Digital Divide*
- *United Nations Day of Dialogue with Silicon Valley Pinpoints Low－Cost Internet as Next Step in Closing Digital Divide*
- *AHN: U.N. Hosts Conference to Help Smash the "Digital Divide"*
- *Ars Technica: UN Entices Business to Invest in Global Technology Development*
- *Axcess News: UN Promotes Cheap Internet Access to Silicon Valley Tech Moguls*
- *Information Week: U.N. Courts Silicon Valley to Close the Digital Divide*
- *SF Gate－U.N. Officials, Silicon Valley Tech Leaders Discuss Digital Divide*
- *Business Week: UN Officials Discuss Digital Divide*
- *Platform of e－Services for Development & Application for ICT Villages*
- *Under Governance of UN*
- *UN News: Low－Cost Internet Next Step in Closing*

Digital Divide, Officials Tell UN - Backed Forum

- *UN News: Information Technology Plays Key Role in Fostering Development, Ban Ki - Moon Says*
- *IBD: Group Might be the Key to Bridging Digital Divide*
- *United Nations Meets Silicon Valley in Initiative to Provide Developing World with Benefits of ICT*
- *Presentation on Broadband for Africa*
- *Understanding NRENs and Key Considerations for Setting Them up, by Alex Twinomugisha*
- *Free Access for all Schools to the Internet - Issues Paper and Presentation*
- *Telecentre.org - Scaling up for Global Success*
- *Newsweek: The $100 Un - PC*
- *Bangladesh and the "Mobile Lady" Concept: "Making ICTs Relevant to the Poor"*
- *Telecentre.org - Scaling up for Global Success*
- *Better Connectivity with Broadband to Africa*
- *i4d: ICT Empowering Citizens of Malaysia - Development with Destiny*
- *Union Network International: GAID Focal Point Europe Meeting*
- *Documentation - Our Common Humanity*
- *EduBourse: Digital Leaders Forum to Focus on Digital Inclusion Policy, Opportunities*

184

- *PC Advisor: 1 - a - day Web Service to Fight French Digital Divide*
- Digital Divide
  - *The Standard: Sh7.8 Billion Windfall for Local ICT Sector in Kenya*
  - *BBC: Intel Steps up Cheap Laptop Race*
  - *Guardian Unlimited: China Overtaking US for Fast Internet Access as Africa Gets Left Behind*
  - *Panel Discussion: "Information Society: New Perspectives for Post - WSIS Scenarios?"*
  - *The Independent: Laptop Wars: The £50 Computer Under Attack from a Silicon Valley Giant*
  - *IHT: Intel and Asustek to Make Low - Cost PCs*
  - *TED: Iqbal Quadir: The Power of the Mobile Phone to End Poverty*
  - *ICC Secretary General in Geneva to Accelerate ICT for Development Initiatives*
  - *ADEN: Launching of the First Call for Project Proposals of the ADEN Fund*
  - *Panel in Geneva Calls For Massive Investment in Information and Communications Technology for Development*
  - *INN: 75% of House - Holds in Pakistan to be Covered with High Speed Internet by 2015*
  - *EIU: The 2007 e - Readiness Rankings*

- *eGov Monitor: Panel on IT and Development to be Held in Geneva, 22 May*
- *BBC: '$100 Laptop' Sparks War of Words*
- *Panel on Information Technology and Development to be Held in Geneva on 22 May*
- *ITU: Three Major Announcements Made to Curb Cybercrime, Connect Africa and Connect the Young*
- *IRNA: Create an Open, Inclusive, Development – Oriented Information Society – Ban Ki – Moon*
- *SANGONeT ICTs for Civil Society: Applications for the Development Sector*
- *Message from Mr Ban Ki – moon, UN Secretary – General – 17 May 2007, World Telecommunication and Information Society Day*
- *ECA: Africa "Must Become Key Player" in Information Society*
- *DFID: e – Africa and m – Africa: How can ICTs Deliver?*
- *APC News: Did You Day Cell Phones for Development? "Yes, Technology can do Anything, Really, But People Have to Drive It"*
- *Washington Post: OLPC Raises Hundred – Dollar Laptop Price to $175*
- *World Information Technology Forum(WITFOR) 2007*
- *IHT: Software for the Poor: Microsoft's $3 Windows*
- *Commission on Science and Technology for Develop-*

ment, Tenth Session

- *Cluster of WSIS — Related Events 2007*
- *World Information Society Day 2007 — Tale of Two Worlds: Keeping Pace with a Moving Target*
- *Balita: ADB, Microsoft Forge Partnership to Promote ICT in Asia*
- *Journal of Community Informatics Special Issue on Telecentres*
- *Panel Discussion on "ICT for Development — A Follow up to the World Summit on the Information Society"*
- *The NEPAD ICT Infrastructure Programme*
- *OhioLINK: ICT as Tools for Socio — Economic and Political Development: The NCCK Huruma Community Telecenter as a Case Study*
- *Building the Broadband Economy 2007*
- *UN News: Stressing Use of Technology for Development, Annan Calls for a 'Network of Networks'*
- *IT News: Kofi Annan Praises Silicon Valley, Speaks of Closing Digital Divide*
- *ENN: Digitally Disadvantaged Strive to Get Online*
- *APC Blog: UN — GAID: One More Acronym — Or a New Beginning?*

- Education
  - *United Nations Millennium Declaration*

- *The UN Millennium Development Goals*
- *Informal Summary of the Second GAID Strategy Council Meeting*
- *Information Technology Central to Quest for Development, Dignity, Peace, Secretary-General Tells Global Alliance*
- *GAID 2006 Progress Report*
- *GAID Business Plan*
- *BBC: Intel Steps up Cheap Laptop Race*
- *Global Alliance Launches Website, Blog for Geneva Youth Forum*
- *infoDev: Quick Guide to Internet Connectivity Issues in African Universities*
- *Recommendations from the UN GAID Chairman*
- *The Independent: Laptop Wars: The £50 Computer under Attack from a Silicon Valley Giant*
- *IHT: Intel and Asustek to Make Low-Cost PCs*
- *ArsTechnica: India's "$10 laptop" Plans: Yeah, Right*
- *BBC: '$100 Laptop' Sparks War of Words*
- *Washington Post: OLPC Raises Hundred-Dollar Laptop Price to $175*
- *InfoDev: ICT in Education Toolkit Launched*
- *IHT: Software for the Poor: Microsoft's $3 Windows*
- *TMCnet: 'Digital Villages' to be Set up All over Kenya to Speed up Access to Data*

- *Issues Paper: Youth and ICT as Agents of Change*
- *UNESCO Bangkok: Gender in Education – In ICT*
- *A New Challenge Award 2007 in Cooperation with Global Knowledge Partnership*
- *e –Learning Africa 2007 – 2nd International Conference on ICT for Development, Education and Training*
- *ICT4D Collective at Royal Holloway, University of London*
- *infoDev and COL Release First Set of Draft Country Reports on ICT Use in Education in Africa*
- *The Economic Times: Developing Nations to Test $150 Laptops*
- *ICTA: Life after Connectivity in Sri Lankaâ TMs First e – Village*
- *Knowledge Management Capacity for African Research Institutes and Networks: Western Africa Workshop*
- *The Commonwealth Connects 2007 – International e – Partnership Summit*
- *United Nations World Youth Report 2007*
- *Foreign Policy: Seven Questions: Wiring the World's Poor*
- *Forbes: UN Officials Discuss Digital Divide*
- *Ars Technica: UN Entices Business to Invest in Global Technology Development*
- *Understanding NRENs and Key Considerations for*

Setting Them up, by Alex Twinomugisha

- *Free Access for All Schools to the Internet − Issues Paper and Presentation*
- *G@ID Community of Experts on ICT for Education − Thoughts for Discussion*
- *PodTech: Intel to Host UN Meeting*
- *ICT Integration and Pedagogical Engineering*
- *ICTs in Education*
- *Beyond Distance Research Alliance*
- *Global Alliance for Enhancing Access to and Application of Scientific Data in Developing Countries*
- *ICT Competencies for Teachers*
- *Digital Alliance, Not Digital Divide*
- *UN Meets Silicon Valley*
- *United Nations Secretary − General Welcomes 'Network of Networks' to Spread Digital Revolution*
- *Second Meeting of the Steering Committee*
- *Global e − Content Summit 2006*
- *Second Meeting of the Strategy Council*
- *Press Conference by United Nations Global Alliance for Information Technology*
- *Translate Vision of Global Information Society into Reality, Urges Secretary − General in Remarks to Meeting of New Global Allianc*
- *Intel Chief to Meet with Secretary − General, United*

190

> *Nations Alliance for Accelerating Digital Revolution in Developing Countries*
> - *United Nations Task Force for Closing Digital Divide Brings Tech, Finance, Government, Media Chiefs to Meeting on 27 September*
> - *OneWorld South Asia: UN Meet to Bridge Digital Divide Next Week*
> - *GovTech: UN Alliance on Closing Digital Divide Meets Next Week*
> - *EduBourse: Digital Leaders Forum To Focus on Digital Inclusion Policy, Opportunities*
> - *News Blaze: Global Alliance for Information Technologies and Development to be Launched*
> - *GovTech: UN Announces Global Alliance on IT for Development*
> - *Scoop: New Global Alliance on ICT for Development*
> - *Information Week: Tech Alliance to Address Global Problems*

- Entrepreneurship
  - *Informal Summary – "UN Meets Silicon Valley", Mountain View, CA,* 28 February 2007
  - *Informal Summary of the Second GAID Strategy Council Meeting*
  - *GAID 2006 Progress Report*
  - *GAID Business Plan*

- *GKP: Young Social Entrepreneurs – "Spearheading the Future"*
- *ICC Secretary General in Geneva to Accelerate ICT for Development Initiatives*
- *AHN: A Demand For IT Applications Needed for Big Tech Firms To Enter Emerging Markets*
- *Bringing the Benefits of IT to Emerging Markets*
- *World Bank: ICT Provides Additional Growth for Ghana*
- *Women's ICT – Based Enterprise for Development*
- *African e – Markets: Information and Economic Development*
- *Issues Paper: Youth and ICT as Agents of Change*
- *Behind the Scenes at UN Meets Silicon Valley*
- *ITID: The Use of Mobile Phones by Microentrepreneurs in Kigali, Rwanda: Changes to Social and Business Networks*
- *ICT Africa 2007*
- *AllAfrica: Digital Divide – UN Seeks Partnership with ICT Industry*
- *Information Week: UN, Silicon Valley Leaders Focus on Technology in Developing Countries*
- *Low – Cost Internet Next Step in Closing Digital Divide, Officials Tell UN Forum*
- *AHN: U.N. Hosts Conference to Help Smash the "Digital Divide"*

192

- *SF Gate – U.N. Officials, Silicon Valley Tech Leaders Discuss Digital Divide*
- *Business Week: UN Officials Discuss Digital Divide*
- *HBS Working Knowledge: What a U.N. Partnership with Big Business Could Accomplish*
- *GovTech: United Nations Meets Silicon Valley to Help Developing World*
- *IBD: Group Might be the Key to Bridging Digital Divide*
- *United Nations Meets Silicon Valley in Initiative to Provide Developing World with Benefits of ICT*
- *Implementation Plan and Resource Mobilization Strategy*
- *Implementation and Resource Mobilization Strategy*
- *Implementation Plan and Resource Mobilization Strategy for 2007 – 2010*
- *ICT Policy and Finance for Social, Community and Public Entrepreneurship – Overview*
- *Youth Social Technopreneurship – Infosheet*
- *PodTech: Intel to Host UN Meeting*
- *Cyber Development Corps*
- *Youth Social Technopreneurship*
- *Women and ICT Taskforce*
- *Digital Alliance, Not Digital Divide*
- *Enterprises' Competitiveness through the Use of ICTs*

- *Expanding Financial Services to the Unbanked*
- *UN Meets Silicon Valley*
- *Union Network International: GAID Focal Point Europe Meeting*
- *Silicon Valley Challenge Summit*
- *United Nations Secretary−General Welcomes 'Network of Networks' to Spread Digital Revolution*
- *Second Meeting of the Steering Committee*
- *Second Meeting of the Strategy Council*
- *Press Conference by United Nations Global Alliance for Information Technology*
- *Translate Vision Of Global Information Society into Reality, Urges Secretary−General in Remarks to Meeting of New Global Allianc*
- *Intel Chief to Meet with Secretary−General, United Nations Alliance for Accelerating Digital Revolution in Developing Countries*
- *United Nations Task Force for Closing Digital Divide Brings Tech, Finance, Government, Media Chiefs to Meeting on 27 September*
- *OneWorld South Asia: UN Meet to Bridge Digital Divide Next Week*
- *GovTech: UN Alliance on Closing Digital Divide Meets Next Week*
- *EduBourse: Digital Leaders Forum to Focus on Digital*

in Developing Countries

- *United Nations Task Force for Closing Digital Divide Brings Tech, Finance, Government, Media Chiefs to Meeting on 27 September*

• Health

- *Information Technology Central to Quest for Development, Dignity, Peace, Secretary－General Tells Global Alliance*
- *GAID 2006 Progress Report*
- *GAID Business Plan*
- *Global Alliance Launches Website, Blog for Geneva Youth Forum*
- *Recommendations from the UN GAID Chairman*
- *ECA: African Government Innovation in Information Technology Rewarded*
- *APC News: Did You Say Cell Phones for Development? "Yes, Technology Can Do Anything, Really, But People Have to Drive It"*
- *e－Health Online: e－Health is a Facilitator Not an Alternative to Conventional Healthcare*
- *Open Source Health Care Alliance 2007 Conference*
- *IHT: Cellphones Open Front in Fight against Disease*
- *United Nations World Youth Report 2007*
- *Presentation of ICT for Health CoE*
- *ICT for Health: Challenge & Approach*

- *ICT for Country Health Information*
- *PodTech: Intel to Host UN Meeting*
- *IRIN Africa: Young People's Radio Show Breaks down Taboos in Mozambique*
- *UN Meets Silicon Valley*
- *United Nations Secretary-General Welcomes 'Network of Networks' to Spread Digital Revolution*
- *Second Meeting of the Steering Committee*
- *Second Meeting of the Strategy Council*
- *Press Conference by United Nations Global Alliance For Information Technology*
- *Translate Vision Of Global Information Society into Reality, Urges Secretary-General In Remarks to Meeting of New Global Allianc*
- *Intel Chief to Meet with Secretary-General, United Nations Alliance for Accelerating Digital Revolution in Developing Countries*

• ICT Policy and Strategy

- *Preparatory Event for the Global Forum on Youth and ICT for Development*
- *CSTD High-Level Round Table and Side Event: Building a Knowledge Society for All*
- *Recommendations from the UN GAID Chairman*
- *ITU: Regulators and Industry Address ICT Infrastructure Gap in Africa*

- *The Global Information Society Watch 2007 Report*
- *INN: 75% of House-Holds in Pakistan to be Covered with High Speed Internet by 2015*
- *ITU: Three Major Announcements Made to Curb Cybercrime, Connect Africa and Connect the Young*
- *Bringing the Benefits of IT to Emerging Markets*
- *DFID: e-Africa and m-Africa: How can ICTs deliver?*
- *ICT4D Policy and Social Inclusion: a Framework for Evaluating Policy Outcomes*
- *APDIP e-Note 12 on Promoting ICT Access and Use by SMEs*
- *Trend AZ: UN, Azerbaijan Develop a Draft Agreement on IT*
- *ICT Africa 2007*
- *International Conference on The Policy-Making Role of Parliaments in the Development of the Information Society, 3-4 March 2007*
- *The Star: ICT Leaders to Meet in KL*
- *The Commonwealth Connects 2007-International e-Partnership Summit*
- *Statement by H.E. Dato' Sri Jamaludin Jarjis, Minister of Science, Technology and Innovation, Malaysia*
- *Azerbaijan's ICT Sector: Dynamic and Growing*
- *Information Week: UN, Silicon Valley Leaders Focus*

- *IHT: Putin Decrees Creation of a Media and Internet Regulator*
- *Reuters: Internet Name System in Growing Danger: U.N. Agency*
- *Axcess News: UN Promotes Cheap Internet Access to Silicon Valley Tech Moguls*
- *CNet: Google's Schmidt Pitches 'Self-Governing' Net*

• Knowledge Sharing
- *IDRC Digital Library*
- *The Information Society Watch(ISW)*

• Metrics and States
- *The Global Information Society Watch 2007 Report*
- *INN: 75% of House-Holds in Pakistan to be Covered with High Speed Internet by 2015*
- *EIU: The 2007 e-Readiness Rankings*
- *IT News: Kofi Annan Praises Silicon Valley, Speaks of Closing Digital Divide*
- *ENN: Digitally Disadvantaged Strive to Get Online*

• Millennuim Development Goals
- *United Nations Millennium Declaration*
- *The UN Millennium Development Goals*
- *African Network of the Global Alliance for ICT and Development(GAID) Launched*
- *Information Technology Central to Quest for Development, Dignity, Peace, Secretary-General Tells Global*

200

Alliance

- *GAID Business Plan*
- *ICC Secretary General in Geneva to Accelerate ICT for Development Initiatives*
- *eGov Monitor: Panel on IT and Development to be Held in Geneva,* 22 May
- *Panel on Information Technology And Development to be Held in Geneva* on 22 May
- *ITU: Three Major Announcements Made to Curb Cybercrime, Connect Africa and Connect the Young*
- *Message from Mr Ban Ki‑moon, UN Secretary‑General‑17 May 2007, World Telecommunication and Information Society Day*
- *World Information Technology Forum(WITFOR) 2007*
- *World Information Society Day 2007‑Tale of Two Worlds: Keeping Pace with a Moving Target*
- *Global Forum on Youth and ICTD*
- *UNCTAD: Successful International Cooperation in ICT for Development Statistics*
- *Panel Discussion on "ICT for Development‑A Follow up to the World Summit on the Information Society"*
- *Ⅶ Infopoverty World Conference: "Towards a Social Use of the ICTs at the Service of the Millennium Development Goals"*
- *Millennium Development Goals Indicators*

- *World Bank: Global Data Monitoring Information System*
- *Foreign Policy: Seven Questions: Wiring the World's Poor*
- *Cyber Development Corporations — Human Capital Development*
- *Low — Cost Internet Next Step in Closing Digital Divide, Officials Tell UN Forum*
- *Information Week: U.N. Courts Silicon Valley to Close The Digital Divide*
- *United Nations Global Alliance Meeting in Silicon Valley Urged by Secretary — General to Seek 'Digital Opportunity' for All*
- *UN News: Information Technology Plays Key Role in Fostering Development, Ban Ki — Moon Says*
- *GovTech: United Nations Meets Silicon Valley to Help Developing World*
- *IBD: Group Might be the Key to Bridging Digital Divide*
- *e — SDDC Implementation Plan for 2007*
- *Implementation Plan and Resource Mobilization Strategy for 2007 — 2010*
- *Towards a Community of Practice on ICTs and Entrepreneurship*
- *UN Meets Silicon Valley*

202

- *Our Common Humanity in the Information Age*
- *UN News: Information and Communication Technology Vital to Development – UN Assembly Chief*
- *Translate Vision of Global Information Society into Reality, Urges Secretary – General in Remarks to Meeting of New Global Allianc*
- *Intel Chief to Meet with Secretary – General, United Nations Alliance for Accelerating Digital Revolution In Developing Countries*
- *OneWorld South Asia: UN Meet to Bridge Digital Divide Next Week*
- *eGov Monitor: Global Alliance for ICT and Development to be Chaired by Craig Barrett of Intel*
- *News Blaze: Information and Communication Technologies Expert Heads UN Development*
- *Government Technology: UN Announces Barrett as Chairman of Global Alliance for IT and Development*
- *SFGate: Barrett to Head UN Group on Digital Divide*
- *UN News: Information and Communication Technologies Expert Heads UN Development Body*
- *iTnews: Tech Alliance to Address Global Problems*
- *Global Alliance for Information Technologies and Development to be Launched*
- *News Blaze: Global Alliance for Information Technologies and Development to be Launched*

- *Xinhua: UN to Launch Global Alliance for Information Technologies and Development*
- *EFY Times: Global Alliance for ICT and Development Launched*
- *Scoop: New Global Alliance on ICT for Development*

• Multi－stakeholder Partnerships

- *The UN Millennium Development Goals*
- *African Network of the Global Alliance for ICT and Development(GAID) Launched*
- *Mission Statement GAID Europe*
- *GAID Business Plan*
- *Panel Discussion: "Information Society: New Perspectives for Post－WSIS Scenarios?"*
- *CSTD High－Level Round Table and Side Event: Building a Knowledge Society for All*
- *Recommendations from the UN GAID Chairman*
- *ICC Secretary General in Geneva to Accelerate ICT for Development Initiatives*
- *eGov Monitor: Panel on IT and Development to be Held in Geneva, 22 May*
- *Panel on Information Technology And Development to be Held In Geneva on 22 May*
- *ITU: Three Major Announcements Made to Curb Cybercrime, Connect Africa and Connect the Young*
- *Balita: ADB, Microsoft Forge Partnership to Promote*

ICT in Asia

- *Panel Discussion on "ICT for Development — A Follow up to the World Summit on the Information Society"*
- *A New Challenge Award 2007 in Cooperation with Global Knowledge Partnership*
- *The Development Gateway*
- *Alcatel — Lucent Digital Bridge Initiative*
- *GAID Series 1: Foundations of the Global Alliance for ICT and Development*
- *AllAfrica: Digital Divide — UN Seeks Partnership with ICT Industry*
- *African Civil Society Forum 2007*
- *The Commonwealth Connects 2007 — International e — Partnership Summit*
- *Today.Az: Ali Abbasov Attends Meeting of Global Alliance for ICT and Development*
- *Information Week: UN, Silicon Valley Leaders Focus on Technology in Developing Countries*
- *AHN: U.N. Hosts Conference to Help Smash the "Digital Divide"*
- *Ars Technica: UN Entices Business to Invest in Global Technology Development*
- *Axcess News: UN Promotes Cheap Internet Access to Silicon Valley Tech Moguls*
- *Information Week: U.N. Courts Silicon Valley to Close*

The Digital Divide

- *SF Gate - U.N. Officials, Silicon Valley Tech Leaders Discuss Digital Divide*
- *Business Week: UN Officials Discuss Digital Divide*
- *United Nations Global Alliance Meeting in Silicon Valley Urged by Secretary - General to Seek 'Digital Opportunity' for All*
- *PodTech: Intel's Craig Barrett on the U.N. and Silicon Valley*
- *HBS Working Knowledge: What a U.N. Partnership with Big Business Could Accomplish*
- *GovTech: United Nations Meets Silicon Valley to Help Developing World*
- *IBD: Group Might be The Key to Bridging Digital Divide*
- *United Nations Meets Silicon Valley in Initiative to Provide Developing World with Benefits of ICT*
- *Global Knowledge Partnership - Sharing Knowledge and Building Partnerships in ICT4D Globally*
- *RiOS Working Paper: Building Common Ground - United Nations Connecting with Silicon Valley*
- *UN Meets Silicon Valley*
- *Union Network International: GAID Focal Point Europe Meeting*
- *UN News: Stressing Use of Technology for Develop-*

Held in Geneva, 22 May

- *Panel on Information Technology and Development to be Held in Geneva on 22 May*
- *IRNA: Create an Open, Inclusive, Development − Oriented Information Society − Ban Ki − Moon*
- *ITU: 17 May 2007, World Telecommunication and Information Society Day*
- *Message from Mr Ban Ki − moon, UN Secretary − General − 17 May 2007, World Telecommunication and Information Society Day*

② WSIS − Online

다음과 같은 주제에 해당하는 많은 정보를 열람할 수 있다. 또한 키워드 검색을 통해 원하는 정보를 찾을 수도 있다.

[Information and Communication Infrastructure]

- Legal and Regulatory Environment for Infrastructure Investment and Development of New Services
- Universal Access Policies and Strategies
- Access Points in Institutions Sccessible to the Public
- Broadband Network Infrastructure
- Unused Capacities(Unused Wireless Capacity, Including satellites)
- Regional Backbones and Internet Exchange Points
- Internet Transit and Interconnexion Costs
- Easy to Use and Affordable Equipment and Services

208

• Use of Traditional Media

[Access to Information and Knowledge]
• Public Domain Information
• Access to Public Official Information
• Science
  - Access to Scientific Information
  - Access to Essential Scientific Digital Data
  - Metadata Standards
• Digital and Hybrid Libraries
• Diversity of Software Models(Proprietary, Open-Source and Free)
• R&D on Accessibility for All

[Capacity Building]
• ICTs in Education
  - *Integration of ICTs in Curriculum Development, Teacher Training*
  - *Eradicating Illiteracy*
  - *Developing e-Literacy*
• Training Professionals
  - *Forming and Training Local Authorities*
  - *Forming and Training Iinformation Professionals*
  - *Forming and Training ICT Professionals*
  - *Capacity Building for Media Professionals*

- Training Special Groups
  - *Training the Young*
  - *Gender Issues in Capacity Building*
  - *Training Local Communities and Indigenous Groups*
- e - Education
  - *ICT - Based Alternative Educational Delivery Systems*
  - *Distance Learning*
  - *Self - Learning*
- Regional and International Cooperation in Capacity Building

[Building Confidence, Trust and Security]

- Protection of Data and Network Integrity
- Prevention, Detection and Response to Cybercrime and [misuse] [abuse] of ICTs
- Protection of Privacy
- Spam
- Electronic Documents and Secure Online Transactions
- Consumer Protection
- Real - Time Incident Handling
- Dispute Settlement Systems
- e - Government
  - *Transparency in Public Administration and Democratic Processes*
  - *Relations with Citizens and Business*

-ICTs and Local Authorities(Local Governance)

-Governments as Model/Pioneer Users of e-Commerce (e-Procurement?)

-International Cooperation in e-Government

[Enabling Environment(Policy, Legal and Regulatory Framework)]

• Fostering Entrepreneurship, Innovation and Investment

• Intellectual Property in the Information Society

• Management of Internet Resources

• Media Legislations

• Radio Frequency Spectrum Allocation

• e-Commerce

　-Interoperability Standards for Global e-Commerce

　-National Enabling Environments for e-Business

• Interoperability Standards

[ICT Applications]

• Health and ICTs

　-Health Care and Health Information Systems

　-ICTs for Medical Training, Education and Research

　-Public Health and Prevention Programmes

　-Monitoring and Alert Information Systems for Communicable Diseases

　-International Standards for the Exchange of Health Data

　-Health Services in Underserved Areas

- ICT Applications for Disaster and Emergencies
- ICTs and Employment
  - Relationships between e-Workers and e-Employers
  - New Ways to Organize Work/Developping Productivity
  - Teleworking
  - Women in ICT Careers
- ICTs and Environment
  - ***ICTs for Environmental Protection and Use of Natural Resources***
  - ***Disposal and Recycling of Electronic Waste***
  - ***Monitoring Systems for the Environment***
- Agriculture and Information Technologies
  - ***Access to Information on Agriculture, Animal Husbandry, Fisheries, Forestry and Food***
  - ***Improving Production(Quantity and Quality)***

[Cultural and Linguistic Diversity, Local Content]
- Cultural and Linguistic Policies
- Role of Libraries, Archives, Museums and Cultural Institutions
- Digital Repositories for the World Heritage
- Production and Promotion of Local Content, Including by Indigenous People
- Translation and Adaptation
- Software in Local Languages

- Internationalized Domain Names
- Community Media
- Protection of Traditional Knowledge
- R&D for Cultural and Linguistic Diversity

[Media]
- Media Legislations/Independence and Plurality of the Media
- Freedom of Expression and Inappropriate Content
- Partnerships for Development in the Media
- Gender and the Media

[Ethical Dimensions of the Information Society]
- Fundamental Values in the Information Society
- Prevention of Abusive Use of ICTs
    - *Fight against Racism, Xenophobia*
    - *Protection of Children*
    - *Fight against Obscenity*
- Research on Ethical Dimensions of ICTs

[An Inclusive Information Society]
- Remote and Underserved Areas
- Needs of the Poorest Populations
- Gender Issues
- Cohesion Between Generations(Youth, Caring Communities)

- Indigenous People
- Disabled

[Regions]
- Africa
- Latin America and Carribean
- North America
- Asia – Pacific
- Midlle – East and Western Asia
- Europa
- Russia and CIS

GILC
Global Internet Liberty Campaign
글로벌인터넷자유캠페인

1 기구

1) 소재지

전자우편   gilc@gilc.org
홈페이지   http://www.gilc.org/

2) 설립연혁

글로벌인터넷자유캠페인(GILC)은 온라인 커뮤니케이션의 우선검열제 반대, 콘텐츠 제공업자들과 데이터 제공자들 사이의 책임을 구분하기 위한 법안 마련하기 등에 관한 활동을 하는 기구이다. GILC는 몬트리올에서 열린 인터넷학회(Internet Society)의 연간회의에서 결성되었다.

3) 설립목적

GILC의 설립목적은 다음과 같다.
• 온라인 커뮤니케이션의 우선검열제 금지

- 콘텐츠 제공업자들의 책임과 데이터 제공자들 간의 책임을 구분하기 위한 법안 마련
- 온라인상의 표현의 자유가 컴퓨터 하드웨어나 소프트웨어, 텔레커뮤니케이션 인프라스트럭처, 또는 다른 인터넷의 필수 요인 등에 대한 정부의 엄격한 통제나 개인의 통제와 같은 간접수단에 의해 억압되는 것에 대한 반대
- 글로벌인터넷인프라스트럭처(GII: Global Internet Infrastructure) 개발 과정에서의 시민 참여
- 인종, 피부색, 성별, 언어, 종교, 정치 또는 다른 의견, 국가나 사회, 재산, 태생 등에 대한 차별 금지
- 하나의 목적을 위해 GII에서 생성된 개인정보가 관련 없는 다른 용도로 사용되지 않도록 주의
- 온라인 이용자들이 그들의 커뮤니케이션과 정보를 규제 없이 암호화할 수 있도록 허용

4) 회원

GILC는 다음과 같은 회원을 두고 있다.

- ALCEI – Associazione per la Libertà nella Comunicazione Elettronica Interattiva
- American Civil Liberties Union
- Applied Research and Communications Fund
- Arge Daten
- Association des Utilisateurs d'Internet*
- Association Electronique Libre(AEL) ASBL

- Association for Progressive Communications
- Association Pour la Promotion d'Internet en Polynésie Française
- Bevcom Internet Technologies
- Bits of Freedom
- Bulgarian Institute for Legal Development
- Buro Jansen & Janssen
- Canadian Journalists for Free Expression
- Campaign against Censorship of the Internet in Britain
- Center for Democracy and Technology
- Chaos Computer Club
- CITADEL – EF France
- Committee to Protect Journalists
- CommUnity – The Computer Communicators Association
- Computer Professionals for Social Responsibility
- CryptoRights Foundation
- Cyber – Rights & Cyber – Liberties(UK)
- CypherNet
- Derechos Human Rights
- Digital Freedom Network
- Digital Rights
- Equipo Nizkor
- Electronic Frontiers Australia
- Electronic Frontier Canada
- Electronic Frontier Finland

- Electronic Frontier Foundation
- EFF - Austin
- Electronic Privacy Information Center
- Federation Nationale des Associations de Consommateurs du Quebec
- Feminists against Censorship
- Forum InformatikerInnen fuer Frieden und Gesellschaftliche Verantwortung(FIfF) e.V.
- Förderverein Informationstechnik und Gesellschaft(FITUG)
- Foundation for Information Policy Research(FIPR)
- Human Rights Education Associates(HREA)
- Human Rights Network
- Human Rights Watch
- Hungarian Civil Liberties Union
- Imaginons un Réseau Internet Solidaire(IRIS)
- Index on Censorship
- Internet Freedom
- Internet Society
- Kriptopolis
- Liberty(National Council of Civil Liberties)
- The Link Centre, Wits University
- Netwokers against Surveillance Taskforce(NaST)
- NetAction
- Online Policy Group
- OpenNet

- Open Society Institute
- Peacefire
- PEN American Center
- Privacy International
- Privacy Ukraine
- Public Interest Advocacy Center, Ottawa
- Quintessenz e – Zine
- Reporters without Borders(Reporters sans frontières, or RSF)
- Singapore Internet Community(SInterCom)
- Statewatch
- Stop1984
- Swiss Internet User Group(SIUG)
- Technika az Emberert Alapitvány(TEA)
- Verein für Internet Benutzer(VIBE!AT)
- XS4ALL Foundation

2 정보원

1) 정보배포정책

GILC의 정보원은 'News'의 'GILC Actions'와 'Presswire' 그리고 'Resources'의 'GILC Alert'에서 찾아볼 수 있다. 출판물은 아니지만 GILC와 관련한 유용한 자료들이다.

2) 정보자료

① GILC Actions

GILC에서 내보내는 외부 보도자료이다.

- *Electronic Communications Bill Fails Human Rights Audit*
- *Plug Pulled on Haiti's Largest Internet Service Provider*
- *"Public Voice" Conference Offers New Perspective on e-Commerce*
- *New Report on International Status of Privacy*
- *Upcoming Meeting Addresses Future of Electronic Commerce*
- *GILC Members Defend Free Expression at Internet Content Summit*
- *Conference Seeks International Content Rating System*
- *Germany Loosens Control on Export of Encryption Products*
- *New International Survey Finds Few Controls*
- *GILC Members Defend Free Expression at Internet Content Summit*
- *European Privacy Directive Goes into Effect*
- *Reports on GILC Meeting in Canada on Net Policy Available*
- *GILC Releases International Survey on Privacy*
- *GILC Launches Campaign to Relax International Crypto Controls*

220

- *GILC Releases Report Finding Strong Protection for Free Expression on the Internet under International Human Rights Principles*
- *GILC Releases Statement on Spanish Crypto Policy*
- *Ireland Releases New Crypto Plan*
- *GILC to Sponsor Meeting in Budapest*
- *UK Releases Crypto Plan*
- *GILC Submits Comments on Canadian Crypto Policy*
- *GILC Issues Statement on Filtering, Ratings Systems*
- *GILC Releases Statement on Impending UK Crypto Policy*
- *GILC Releases International Crypto Survey*
- *GILC Issues Statement on Human Rights and the Internet*
- *GILC Issues Comments on Net Filtering*
- *GILC Issues Statement on Hate Speech*
- *PI, GILC Sponsor Meeting on European Crypto Policy*
- *GILC Protests IGC Denial of Service Attacks*
- *GILC Statement on Australian Net Censorship Proposal*
- *GILC Submission on the Illegal and Harmful Use of the Internet to the Irish Minister for Justice,* July 16, 1997
- *CNet Story on the Irish Summit*
- *Wired Story on Submission*
- *GILC Members Write German Chancellor Helmut Kohl Protesting Compuserve Prosecution*
- *CNET's Story*
- *Resolution in Support of the Freedom to Use Encryption*

• ***GILC Opposes Efforts to Regulate Internet: Group Calls G-7 Efforts Anti-Democratic***
• ***Letter to U.S. Vice President Gore***

② Presswire

GILC에서 관심 있어 하는 외부기사이다. 웹페이지상에 2003년 이전의 보도자료만 올라와 있다.

[May 2003]

• Feds Spying on More Suspects. CBSNews.com

[April 2003]

• Software Rams Great Firewall of China. CNet News.com
• Net Anti-FOI Bill Set to Fail. Australian IT
• Net Cafe Settles Over Music Rights. BBC News

[March 2003]

• Anti-War Hacking Rises Sharply. BBC News
• Home Office Attacks: Officials Hit Out at Awards After Blunkett and Livingstone are Accused of Invading Privacy. The Guardian
• Telephone Lines in EU Council Building Tapped. EU-observer.com
• Stiffer E-Data Rules Eyed. The Asahi Shimbun
• Europe Hacker Laws Could Make Protest a Crime. New York Times

[February 2003]

* Tunisian Internet Crackdown. BBC News
* More Fallout Over Greek Game Ban. Wired News
* German Registrar Bans Web Site. CNet News.com
* Yahoo Boss Cleared Over Nazi Sales. BBC News
* E-mail Vetting Blocks MPs' Sex Debate. BBC News

[January 2003]

* UK Stands Firm on Snooping Laws. BBC News
* US Tightens Net Copyright. Australian IT
* Special Division will Re-Try "DVD Jon." Aftenposten
* Beijing Blocks Bloggers. CNet News.com(Reuters)
* Teenager Wins DVD Court Battle. BBC News
* 'DVD Jon' Scores Huge Legal Victory. Aftenposten
  (Norway)

③ GILC Alerts

GILC의 뉴스레터이다.

* ***GILC Alert 7.9***(December 19, 2003)
* ***GILC Alert 7.8***(November 17, 2003)
* ***GILC Alert 7.7***(October 10, 2003)
* ***GILC Alert 7.6***(August 27, 2003)
* ***GILC Alert 7.5***(July 31, 2003)
* ***GILC Alert 7.4***(June 25, 2003)
* ***GILC Alert 7.3***(April 29, 2003)
* ***GILC Alert 7.2***(March 13, 2003)

- *GILC Alert 7.1*(January 31, 2003)

- *GILC Alert 6.8*(December 20, 2002)

- *GILC Alert 6.7*(October 22, 2002)

- *GILC Alert 6.6*(September 12, 2002)

- *GILC Alert 6.5*(July 23, 2002)

- *GILC Alert 6.4*(June 6, 2002)

- *GILC Alert 6.3*(April 22, 2002)

- *GILC Alert 6.2*(February 21, 2002)

- *GILC Alert 6.1*(January 17, 2002)

- *GILC Alert 5.7*(October 26, 2001)

- *GILC Alert 5.6*(August 27, 2001)

- *GILC Alert 5.5*(July 26, 2001)

- *GILC Alert 5.4*(June 26, 2001)

- *GILC Alert 5.3*(May 4, 2001)

- *GILC Alert 5.2*(March 29, 2001)

- *GILC Alert 5.1*(February 16, 2001)

- *GILC Alert 4.10*(December 19, 2000)

- *GILC Alert 4.9*(November 6, 2000)

- *GILC Alert 4.8*(September 11, 2000)

- *GILC Alert 4.7*(August 2, 2000)

- *GILC Alert 4.6*(July 5, 2000)

- *GILC Alert 4.5*(May 31, 2000)

- *GILC Alert 4.4*(April 24, 2000)

- *GILC Alert 4.3*(March 23, 2000)

- *GILC Alert 4.2*(February 22, 2000)

224

- *GILC Alert 4.1*(January 24, 2000)

- *GILC Alert 3.8*(December 15, 1999)

- *GILC Alert 3.7*(November 3, 1999)

- *GILC Alert 3.6*(September 21, 1999)

- *GILC Alert 3.5*(August 9, 1999)

- *GILC Alert 3.4*(May 12, 1999)

- *GILC Alert 3.3*(April 1, 1999)

- *GILC Alert 3.2*(March 1, 1999)

- *GILC Alert 3.1*(January 25, 1999)

- *GILC Alert 2.11*(December 10, 1998)

- *GILC Alert 2.10*(November 2, 1998)

- *GILC Alert 2.9*(October 6, 1998)

- *GILC Alert 2.8*(September 29, 1998)

- *GILC Alert 2.7*(June 1, 1998)

- *GILC Alert 2.6*(May 11, 1998)

- *GILC Alert 2.5*(April 13, 1998)

- *GILC Alert 2.4*(March 24, 1998)

- *GILC Alert 2.3*(March 4, 1998)

- *GILC Alert 2.2*(January 30, 1998)

- *GILC Alert 2.1*(January 11, 1998)

- *GILC Alert 1.4*(December15, 1997)

- *GILC Alert 1.3*(November 24, 1997)

- *GILC Alert 1.2*(November 10, 1997)

- *GILC Alert 1.1*(October 19, 1997)

GISW

Global Information Society Watch

글로벌정보학회감시기구

① 기구

1) 소재지

홈페이지　　http://www.globaliswatch.org/

2) 설립연혁

글로벌정보학회감시기구(GISW)는 정보통신혁신협회(APC: Association for Progressive Communications)와 제3세계기구(ITeM: Third World Institute)의 연합된 형태로서 정보통신 정책에 관한 주요 국제 동의안의 시행 및 후속조치에 대해 감시하는 기구이다. 이 기구는 또한 WSIS나 다른 정보통신 정책 과정의 국제, 지역, 국가 단계에서의 개발과 관련한 사항들을 감시한다.

3) 설립목적

GISW는 정보와 커뮤니케이션 부문에 있어서 효과적 법규, 바람직한 정책 과정, 소비자 그룹과 시민사회, 미디어 그리고 연구기관 등의 참여와 같은 건강한 '제도적 환경(Institutional Ecology)'의 개발을 촉진시키기 위해 설립되었다.

- 지역 및 글로벌 단계의 정보통신 정책 분야의 현주소에 대한 조사
- 비평논의 장려
- 네트워킹 및 정보사회를 포함하는 정의를 위한 옹호 강화

4) 주요 사업

GISW는 거버넌스 과정에 관한 시민사회의 영향력에 대한 오랜 관심을 바탕으로 국가 및 국제 포럼을 개최하여 대중의 참여를 강화할 수 있는 노력을 해 왔다.

② 정보원

1) 정보배포정책

GISW의 정보원은 'Participating Organizations'에서 정보통신 관련 유용한 기구의 링크를 볼 수 있고, 'GISW Report'에서 GISW의 공식보고서를 열람할 수 있다. 설립된 역사가 오래되지 않은 기구라서 아직은 많은 정보를 제공하지 못하고 있다. 'Search'를 통한 키워드 검색도 가능하다.

2) 정보자료

① Participating Organizations

다음과 같은 기구들의 링크를 제공하고 있다.

- Alternatives

  홈페이지: www.alternatives.ca

- APC Latin America and the Caribbean ICT Policy Monitor

  홈페이지: lac.derechos.apc.org

- ArabDev

  홈페이지: www.arabdev.org

- BlueLink Information Network

  홈페이지: www.bluelink.net

- Bytes for All(B4All)

  홈페이지: www.bytesforall.org/www.bytesforall. net

- Colnodo

  홈페이지: www.colnodo.apc.org

- Ethiopian Free and Open Source Software Network (EFOSSNet)

  홈페이지: www.efossnet.org

- Fantsuam Foundation

  홈페이지: www.fantsuam.org

- Foundation for Media Alternatives(FMA)

  홈페이지: www.fma.ph

- IT for Change

228

홈페이지: www.itforchange.net

- Kenya ICT Action Network(KICTANet)

  홈페이지: www.kictanet. or.ke

- LaNeta

  홈페이지: www.laneta.apc.org

- LINK Centre, University of the Witwatersrand

  홈페이지: link.wits. ac.za

- Nodo TAU

  홈페이지: www.tau.org.ar

- OneWorld Platform for Southeast Europe(OWPSEE)

  홈페이지: www.oneworldsee.org

- Pangea

  홈페이지: www.pangea.org

- Rede de Informações Para o Terceiro Sector(RITS)

  홈페이지: www.rits.org.br

- StrawberryNet Foundation

  홈페이지: www.sbnet.ro

- Women of Uganda Network(WOUGNET)

  홈페이지: www.wougnet. org

② GISW Report

GISW는 2007년 최초 연간보고서를 발간했다.

- ***GISW 2007 Report***

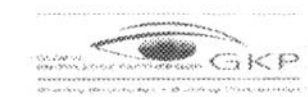

GKP

Global Knowledge Partnership
글로벌지식파트너십

① 기구.

1) 소재지

주　　소	Level 23, Tower 2, MNI Twins, 11, Jalan Pinang, 50450 Kuala Lumpur, Malaysia
전　　화	+603 2162 3000
팩　　스	+603 2162 2823
전자우편	cmu@gkps.org.my
홈페이지	http://www.globalknowledge.org/

2) 설립연혁

글로벌지식파트너십(GKP)은 1997년에 설립된 40개국의 100명이 넘는 회원을 둔 네트워크이다. GKP는 선출된 집행위원회에의해 경영되며 말레이시아 쿠알라룸푸르에 있는 본부에 의해지원받는다.

GKP는 세계 최초의 다양한 관계자들이 연결된 네트워크라고할 수 있다. GKP는 개발을 위한 지식(K4D: Knowledge for

Development)과 개발을 위한 정보통신(ICT4D: Information and Communication Technologies for Development)의 혁신과 증진을 촉진시킨다. GKP는 K4D와 ICT4D를 위한 지식공유와 파트너십 구축이란 공동목적을 바탕으로 공공 부문, 사적 부문, 시민사회의 기관들을 한자리에 모으는 역할을 한다.

3) 설립목적

삶을 향상시키기 위한 지식과 정보의 이용 및 접근을 모든 사람이 누릴 수 있는 평등한 기회의 세계를 현실화하는 것이 GKP의 기본 목적이다.

4) 회원

GKP는 아프리카, 중앙 및 동유럽, 동아시아, 라틴아메리카 및 캐리비안, 중동 및 북아프리카, 오세아니아 그리고 남아시아의 7개 지역에서 사업을 추진하고 있다. GKP의 회원들은 국제적으로 정책에 영향을 주며 프로젝트를 통해 아이디어를 교환한다. 회원자격은 GKP의 설립목적에 부합하는 모든 기관에 열려 있다. GKP의 회원들은 크게 다음과 같은 책임을 갖고 있다.
• 집행위원회 선출
• GKP의 전반적인 전략 및 정책 승인
• 거버넌스 문서 승인
• 집행위원회의 연간활동보고서 승인

5) 조직

집행위원회(Executive Committee)의 역할은 다음과 같다.

- GKP 회원들의 승인을 얻을 수 있는 전반적인 전략 및 정책 수립
- 승인된 전략과 정책을 기본으로 한 GKP 프로그램과 활동의 수행 및 감시
- 거버넌스 문서 제안
- GKP 본부 관련 업무
- GKP 활동을 위한 기금 마련 정책 수립
- 의장 및 부의장 선출

6) 주요 사업

지식으로의 접근, 교육, 빈곤 감소, 자원 동원(resource mobilization)의 네 가지 전략적 주제를 기본으로 하여 혁신적인 방법을 사용하여 프로그램을 운영한다.

② 정보원

1) 정보배포정책

GKP의 정보원은 웹페이지 하단에 연결되어 있는 'News' 및 'Newsletter'에서 찾아볼 수 있다. 브라우징을 통해 정보를 열람할 수도 있다.

2) 정보자료

① News

최근의 보도자료는 다음과 같다.

- *Virtual Leaders for Virtual World: Virtual Graduation Ceremony on Internet Governance*
- *Public Interest Registry Names Alexa A. S. Raad as New CEO*
- *TechSoup's NetSquared Innovation Awards Gains Coverage on ABC*
- *Diplo Virtual Ceremony in Second Life, Graduation of IG Capacity Building Programme 07*
- *TechSoup's N2Y2 Featured Projects Win Awards from Yahoo!, Make Change! Trust and Sunlight Foundation*
- *Development Alternatives Invitation to Workshops of the Capacity Building Programme 2007*
- *BNNRCs Recommendations to ICT Sector in the Proposed Budget of Bangladesh 2007 - 2008*
- *AMARC Publishes Findings on Global Evaluation of Community Radio Social Impact*
- *A Radio for Many Voices at the Rostock G8: AMARC Tells the Story of the Official and Alternative Summit*
- *TechSoup: NetSquared Conference 2007(N2Y2) Features 21 Projects to Create Social Change*
- *Towards Mission 2011: Building Telecentre Family in*

Bangladesh

- *GKP Africa to Gather at Knowledge & Access Meeting in Burkina Faso,* 5 - 6 June 2007
- *DiploFoundation Inaugurates Diplomacy Island & Virtual Embassy in Second Life*
- *African Government Innovation in Information Technology Rewarded*
- *GDN Announces 2007 Most Innovative Development Project(MIDP) Competition, Closes 20 Aug*
- *Web2ForDev 2007 Call for Papers*
- *Diplo Anchors Global IG Activities in Geneva, Inaugurates "Diplomacy Island" on Second Life*
- *UNECA Hosts Weeklong 5th CODI Meeting on "Employment and the Knowledge Economy in Africa"*
- *ECOTA to Run Training on "Fair Trade Practice in Bangladesh"*
- *UNESCO Shares Training Resources on the Web through the Open Training Platform*
- *Fantsuam Featured on CNN's "Inside Africa"*
- *UNDP - APDIP and APC WNSP Release Publication on Gender and ICT*
- *World Amateur Radio Day April 18*
- *UNDP - APDIP Releases e - Note 10 on Expert Systems*
- *ITU Call for Submissions for ITU Telecom Europe 2007 Forum*

- *Netsafe Website Goes Live*
- *Convention on the Protection and Promotion of the Diversity of Cultural Expressions Enters into Force*
- *ECOTAFF World Fair Trade Day 2007 − "Kids Need Fair Trade"*
- *Orbicom Releases "Measuring the Information Society 2007"*
- *UNESCO Launches Open Training Platform*
- *DDD Wins $250K of Survey Data Entry Work in Cambodia and Laos*
- *Outcomes from ITU/FUB Workshop on Market Mechanisms for Spectrum Management*
- *BNNRC Campaigns for Waiver of Radio/TV User License Fees in Bangladesh*
- *Omar Dengo Foundation Inaugurates Innov@ Institute, Hosts X Children's Education Informatics Conference, Mar 2007*
- *Blended e − Learning is the Latest Model of Teaching*
- *New Media Briefing Questions Whether Open Source Software Can Covert the Software World?*
- *Looking Back on Ten Years of ICT4D with IICD*
- *Diplo Offers 2 Postgraduate Level Short Online Courses in April 2007*
- *Communications Trust Marks a Decade of ICT4D Achievements at Anniversary*

- *Secretariat of the Pacific Community Celebrates 60th Anniversary*
- *TVEAP's Saving the Planet—Nominate Projects for New Asian TV Series!*
- *BNNRC Offers Bengali Version of Voices of Change: Strategic Radio Support for Achieving MDGs*
- *Commissioner Lallana to Lead UNDPs Project to Promote Policies for Open Computing Standards in Asia—Pacific Countries*
- *ECA and CePRC Calls for Entries to Newly Established First Technology in Government in Africa Awards*
- *Diplo Calls for Application for Capacity Building Training Programme 2007*
- *eHomemakers Brings Gender Perspective into Policy Dialogue on Digital Divide*
- *UNDP, IBM and Oracle to Help Asia—Pacific Countries Create Strategies and Policies for Adopting Open Computing Standards*

② Newsletter

다음과 같은 GKP 회원기관의 뉴스레터를 링크를 통해 열람할 수 있다.

- 정보통신혁신협회(APC: Association for Progressive Communications)의 *APCNews*
- 과학, 개발, 미디어학 센터(CSDMS: Centre for Science,

Development and MEdia Studies)

- 디플로파운데이션(DiploFoundation)의 ***DiploNews***
- 국제통신과개발학회(IICD: International INstitute for Communication and Development)
- 국제통신과개발학회(IICD: International Institute for Communication and Development)의 ***iConnect***
- 국제전기통신연합(ITU: International Telecommunication Union)
- ProPoor Infotech 센터의 ***ProPoor Newsletter***
- 스위스개발협력단(SDC: Swiss Agency for Development and Cooperation)의 ***e-Newsletter***
- 국제연합공업개발기구(UNIDO: United Nations Industrial Development Organization)의 ***Internet Newsletter***

i4d
Information for Development
개발을위한정보

1 기구

1) 소재지

주 소	the ACQUIRE Project c/o EngenderHealth, 440 Ninth Avenue New York, NY 10001
전 화	+91 120 2502180－87
팩 스	+91 120 2500060
전자우편	info－acquire@acquireproject.org
홈페이지	http://www.i4donline.net/

2) 설립연혁

개발을위한정보(i4d)는 지역개발, 젠더, 거버넌스, 소액금융, 교육, 건강, 무선통신, 빈곤을 위한 정보통신, 지방콘텐츠, 문화, 유산 등의 다양한 개발 분야에서의 정보통신의 역할과 관련성을 강조한다.

238

3) 설립목적

i4d는 개발을 위한 정보통신 분야의 안과 밖 모든 면에서의 정
보, 아이디어, 의견, 경험의 공유를 위해 기반(platform)을 제공
하는 데 그 목적이 있다.

4) 주요 사업

정부부처, 정부내각, 정책기관, 교육기관, 연구개발기구, 풀뿌리
기구, 비정부기구, 학자, 학생, 연구자, 행정가, 기증자, IT 산업
기구, 유엔, 개인독자들에게 i4d의 출판물이나 정보를 접할 수
있는 기회를 제공한다.
i4d는 약 5,000개 정도의 인쇄물을 보유하고 있으며 그중 2,500
개는 인도 내에 배포되었고, 1,500개는 아시아, 유럽, 라틴아메
리카 및 아프리카 지역에 배포되었다.

② 정보원

1) 정보배포정책

i4d의 정보원은 웹페이지 왼쪽 부분의 'e-Newsletter' 하위분
류에 있는 'Archives'에서 찾아볼 수 있다. 뉴스레터뿐 아니라
정기간행물 및 출판물의 검색 및 열람이 가능하다.

2) 정보자료

① Newsletters

주간 뉴스레터와 월간 뉴스레터를 제공한다. 2007년 현재 2006년부터 발간된 모든 뉴스레터의 열람이 가능하다.

② Magazines(정기간행물)

i4d의 정기간행물은 다음과 같은 주제로 출판되었다.

- June 2007, ***Lead up to GK 3 - Emerging Technologies***
- May 2007, ***Promoting Innovations, Role of ICTs in SMEs***
- April 2007, ***Community Radio and Gender***
- March 2007, ***Human Rights and ICTs***
- February 2007, ***Communities of Practice Telecentres***
- January 2007, ***Malaysian ICT for Development***
- December 2006, ***HIV/AIDS***
- November 2006, ***ICT for Disabled***
- October 2006, ***Gender and ICTs***
- September 2006, ***ICTs and SME***
- August 2006, ***Media and ICTs***
- July 2006, ***Open Content and Asia Commons Special***
- June 2006, ***Cultural Diversity, Localisation and ICTs***
- May 2006, ***ICT and Microfinance***
- April 2006, ***e - Health***
- March 2006, ***ICT Policy***
- February 2006, ***ICT and Rural Development***

- January 2006, *ICT and Evolution Process*
- December 2005, *MDG 6(HIV/AIDS)*
- November 2005, *Youth and Information & Communication Technologies(ICTs)*
- October 2005, *MDG 8(Development Global Partnerships) and Telecentre Networks*
- September 2005, *i4d Silver Issue*
- August 2005, *MDG 7(Environment)*
- July 2005, *Human Rights and ICTs*
- June 2005, *ICT Policy*
- May 2005, *MDGs 4 & 5(Reduce Child Mortality and Improve Maternal Health)*
- April 2005, *MDG 2(Achieve Universal Primary Education)*
- March 2005, *MDG3(Gender Equality and Women Empowerment)*
- February 2005, *MDG Intro/Poverty Reduction − MDG 1*
- January 2005, *Tsunami*
- December 2004, *2nd i4d Seminar Special*
- November 2004, *e − Culture*
- October 2004, *FLOSS*
- September 2004, *CMC/Telecentres*
- August 2004, *Community Radio*
- July 2004, *Agriculture/Water*
- June 2004, *Local Content*
- May 2004, *ICT for Poor*

- April 2004, ***Wireless Communication***
- March 2004, ***Health***
- February 2004, ***Education***
- January 2004, ***Microfinance***
- November – December 2003, *e – **Governance***
- September – October 2003, ***Gender***
- July – August 2003, ***Rural India***
- May – June 2003, ***Agriculture***

ICT4D

Information and Communication Technologies
for Development
개발을위한정보통신

☐1 기구

1) 소재지

전자우편   tim@ict4d.org.uk
홈페이지   http://www.ict4d.org.uk/

2) 설립연혁

개발을위한정보통신(ICT4D)은 런던대학(University of London)
의 로얄홀로웨이(Royal Holloway)가 이끄는 공동체 성격으로
서 2004년에 설립되었다. ICT4D는 개발을 위한 정보통신 영역
에서 가능한 최대 양질의 연구조사를 수행하며 글로벌 커뮤니
티에 그 결과가 널리 이용될 수 있도록 하고자 하는 이들이 모
여 설립하였다. 이를 위해 가난하거나 소외되는 계층의 커뮤니
티를 우선적으로 하여 활동하고 있다. 2007년에 이 공동체는
ICT4D를 위한 유네스코 센터의 지위를 획득하였다.

3) 설립목적

- 가난하거나 소외된 커뮤니티가 정보통신을 이용함으로써 그들의 삶을 변화시킬 수 있도록 함
- 적합한 정보통신의 사용을 통해 전 세계의 가난하거나 소외된 커뮤니티를 지원

4) 주요 사업

연구조사뿐 아니라 학부과정 및 대학원 과정을 운영함으로써 개발을 위한 정보통신의 모든 면을 전달할 수 있도록 한다. 이 공동체의 회원들은 개발을 위한 정보통신 영역에 관련한 상담 서비스도 제공한다.

② 정보원

1) 정보배포정책

ICT4D의 정보원은 'Research'와 'Useful Links'에 있다. 'Research'에서는 현재 진행 중인 연구뿐 아니라 출간물의 리스트 및 간략한 내용을 볼 수 있다.

2) 정보자료

① Research

'현재 진행 중인 연구'와 '최근에 출판된 논문'을 따로 분류

하고 있다. 대부분의 자료는 무료로 열람이 가능하고, 직접 구매해야 하는 정보는 간략한 요약을 제공하고 있다. 또한 컨퍼런스의 발표자료도 열람할 수 있다.

- 현재 진행 중인 연구
  - *Development Partnerships*
  - *EUGrids4D: European Grid Technology and Services for Development*
  - *Biomedical and Primary Health Care Informatics*
  - *Budgetary Support Mechanisms and Development Aid*
  - *A Framework for the Use of ICT in Teacher Training in Africa*
  - *ECOSENSUS: Collaborative e‑Science for Spatial Decision‑Making in Distributed Environments*
  - *Geographical Information Systems and Development*
  - *ICT and National Development*

- 최근 출판된 논문
  - David Hollow's Report‑*The Lifeline Radio in Zambia: Findings and Recommendations*
  - Unwin, T(2005). *Partnerships in Development Practice: Evidence From Multi‑Stakeholder ICT4D Partnership Practice in Africa*, Paris: UNESCO(UNESCO Publications for the World Summit on the Information Society)
  - Smith, D. G. and Baber, E.(2005). *Teaching English with Information Technology*, Modern English Publishing
  - Wagner, D. A., Day, B., James, T., Kozma, R. B.,

Miller, J., and Unwin, T.(2005). *The Impact of ICTs in Education for Development: A Monitoring and Evaluation Handbook*, Washington DC: infoDev

- Geldof, M.(2005). *Becoming an Information Society: The Role of New Information Technologies in Development*, Wilton Park Conference Report

- Unwin, T.(2005). *Reflections on Ability: The Use of ICTs to Support People with Disabilities in Poor Countries, in: Milward – Oliver, G. et al.(eds), Maitland + 20 – Fixing the Missing Link*, Bradford on Avon: Anima, 165 – 180

- Selinger, M(2005). *ICT in the Global Classroom*, in: Wheeler, S.(ed) *Transforming Primary ICT*, Exeter: Learning Matters

- Selinger, M(2005). *Addressing Key Skill Shortages in the International Information Technology Industry*, in: Paton, R, Peters, G., Storey, J. and Taylor, S.(eds). *Handbook of Corporate University Development: Managing Strategic Learning Initiatives in Public and Private Domains*, Aldershot: Gower

- Tim Unwin(2005). 'Towards a Framework for the Use of ICT in Teacher Training, Open Learning.' *The Journal of Open and Distance Education*, 20(2), 113 – 129

- Maung Sein and G. Harindranath(2004). 'Conceptualising

- the ICT artefact: Towards Understanding the Role of ICT in National Development', *The Information Society*, 20(1), pp.15 – 24

- Tim Unwin(2004). 'Beyond Budgetary Support: Pro – Poor Development Agendas for Africa', *Third World Quarterly*, 25(8), 1501 – 1523

- Tim Unwin(2004). 'ICT and Education in Africa: partnership, Practice and Knowledge Sharing', *Review of African Political Economy*, 31, 150 – 160

- Tim Unwin(2003). *ICTs for Education in Sub – Saharan Africa*, in: Brookes, P.(ed.) *Modernising Commonwealth Governments*, London: Commonwealth Business Publications, 128 – 136

- John Pickles and Tim Unwin(2003). *Transition in Context: Theory in Post – Socialist Transformations*, in: Van Hoven, B.(ed.) *Europe: Lives in Transition*, Harlow: Pearson, 9 – 28

- Meng, X. M., Derbyshire, E, Thompson, D. and Page, N.(2000), *Slope Instability Modelling Using GIS in the Thick Loess Terrain of North China*, Nature Hazards Special Publication(No. L00.105), 104 – 107

- G. Harindranath, W. G. Wojtkowski, J. Zupancic, D. Rosenberg, W. Wojtkowski, S. Wrycza & J. A. A. Sillince(eds)(2002). *New Perspectives on Information*

Systems Development: Theory, Methods, and Practice, New York: Kluwer Academic/Plenum Publishers
- Joseph Salukvadze(1999). Land Reform and Land management in Post－Soviet Georgia, *Anthropology of East Europe Review*, 17(2)

• 컨퍼런스 발표자료

- *Myles Wickstead and Tim Unwin(Tim Unwin) Partnerships for Development: Problematising the Notion of 'Partnership', Becoming an Information Society Conference WIlton Park*, 17－20 October 2005
- Tim Unwin(2005). *Keynote Address: ICT for Teacher Training: The Role of Partnerships, EU－China Gansu Basic Education Project International Conference*, Lanzhou, 22－24 August 2005
- Tim Unwin(2005). *e－Governance and Development, Governance in the Commonwealth: New Issues and Actors* Workshop Held at the Institute of Commonwealth Studies from 13th－14th March 2005
- Tim Unwin(2005). *Learning Beyond the Classroom: The Challenge of the New Pedagogy*, South－East Asia Policy Forum Organized by the British Council in Bangkok, 28th－30th March 2005
- Tim Unwin(2005). *Managing ICT for Development: Partnerships in Education*, University of London, Centre for Distance Education, 27th－28th June 2005

248

- Tim Unwin(2004). ***Partnerships in ICT for Education Activities in Africa***, International LEARNTEC Forum, Baden-Baden, 9th February 2004
- Tim Unwin(2003). ***The Use of ICT for Special Educational Needs***, WSIS ICT4D Forum: 5.2 Local Content: Language, Literacy and New Technologies, 12th December 2003, Geneva

② Useful Links

개발을위한정보통신과 관련한 유용한 웹사이트의 링크를 다음과 같이 제공하고 있다.

- 개발을위한정보통신에 관한 정보원(Sources of Information about ICT4D)
  - infoDev
  - Eldis ICT
  - ICT4D Platform at WSIS
  - The Communication Initiative
  - Bytes for All
  - iConnect Online
  - Indigenous Knowledge Program of the World Bank
  - ICTlogy
- 개발을위한정보통신에 관한 온라인교육(Online and Distance Learning Courses on ICT4D)
  - ICT4D at Royal Holloway, University of London
  - Barbara Fillip's Course on ICT4D

- Information and Communication Technologies for Development at Wye Campus, Imperial College London
- An Information and Communications Technology Framework for Developing Regions at UC Berkeley and Carnegie Mellon
- Master's Programme in Communication for Development at Malmö University

• 개발을위한정보통신에 관여하는 국제기구(International Organizations Involved in ICT4D)
  - GAID
  - SPIDER
  - PID
  - @LIS(Alianza entre Europa y Latinoamérica en la Sociedad de la Información) - the Europe Latin - America Cooperation Portal on the Information Society
  - FUNREDES
  - International Institute for Communication and Development
  - International Development Research Centre
  - Global Development Learning Network
  - Development Gateway
  - Open Educational Resources
  - ICT for Development
  - Global e - Schools and Communities Initiative(GESCI)
  - The Global Knowledge Partnership(GKP)

250

- OneWorld
- Global e-Sustainability Initiative(GESI)
- UNESCO Communication and Information Division
- Commonwealth of Learning
- UNDP's Work on ICT4D
- IT for Change(ITfC)
- Digital Opportunity Trust(DOT)
- University ICT4D-Center for Internet Studies
- Connectivity for Refugees

• 개발을위한정보통신 출판물(ICT4D Publications)
  - *ICT4D Online*
  - *Information Technologies and International Development*
  - *Digital Learning*
  - *Journal of e-Government*
  - *International Journal of Education and Developmnet Using ICT*
  - *ICT4D-Connecting People for a Better World*
  - *UNDP-APDIP ICT4D Publication Series*
  - *The Electronic Journal of Information Systems in Developing Countries*
  - *ICT for Sustainable Development from the University of Washington*
  - *ECDPM(the European Centre for Development Policy Management) Communication and Information Programme InBrief 11 Publications*

- ***Digital Review of Asia and the Pacific***
- 그 외 유용한 사이트(Other useful links)
  - Point Topic
  - The ITU's Statistics on ICT
  - UNECA's ICT Maps of Africa
  - The Millennium Development Goals
  - The World Summit on the Information Society(WSIS)
  - The BBC World Service Trust Site on Development Communications

IEC

International Electrotechinical Commission

국제전기기술위원회

① 기구

1) 소재지

주　　소	IEC Central Office 3, rue de Varembe P.O. Box 131 CH‐1211 Geneva 20, Switzerland
전　　화	+41 22 919 0211
팩　　스	+41 22 919 0300
전자우편	inmail@iec.ch
홈페이지	http://www.iec.ch

2) 설립연혁

국제전기기술위원회(IEC)는 1906년 6월에 런던에서 창립되었다. 1914년에 4개의 기술위원회를 결성하여 용어, 기호, 전기기계에 대한 평가, 뛰어난 업적을 가진 사람들에 대해서 각각 다루게 된다. 1930에 Hertz, Gauss 등의 전기 단위를 공표하고, Giorgi 시스템을 만들었는데, 이것이 후에 SI가 된다.

1948년에 중앙사무소가 스위스 제네바로 이주하면서 측정에 대한 표준을 만들고 라디오와 TV에 대한 검사 및 표준안에 대한 기준을 제시하였다. 1974년에는 레이저와 관련된 표준들을 안전성 중심으로 다룰 수 있는 '기술위원회 76'을 발족하였다. 2005년에는 IEC 다국어 사전을 재편하여 19,400여 개의 전기 기술관련 정의들을 불어와 영어로, 동의어를 13개 국어로 정리하였다.

3) 설립목적

① IEC는 전기, 전자와 관련된 기술들에 대한 표준안을 준비하고 공표한다.
② IEC는 그 회원들을 통해, 전기기술 표준과 관련된 사안과 관련된 문제를 해결하기 위해 국제 협력을 도모한다.
③ IEC 헌장은 전기, 자기, 전자기, 전기음향, 멀티미디어, 통신, 에너지 발전 및 분배 등의 전기기술들 및 관련된 용어, 기호 등을 포함한다.

4) 기능

① 국제 시장의 수요를 효율적으로 만족시킨다.
② 표준안과 표준안과의 부합성 검사 방식을 최고 수준에 올리고, 가장 광범위하게 쓰이도록 한다.
③ 표준안을 기준으로 제품과 서비스의 질을 측정하고 개선한다.
④ 복잡한 시스템의 상호 조작이 가능하기 위한 조건을 제시한다.
⑤ 공업 프로세스의 효율성을 증가시킨다.
⑥ 인간의 건강과 안전의 증대에 이바지한다.

⑦ 환경보호에 이바지한다.

5) 회원

2005년 6월 현재 65개국이 회원으로 등록되어 있다.

- 정회원

  아르헨티나, 호주, 오스트리아, 벨기에, 브라질, 캐나다, 중국, 체코 공화국, 덴마크, 이집트, 핀란드, 프랑스, 독일, 그리스, 헝가리, 인도, 인도네시아, 이란, 아일랜드, 이스라엘, 이탈리아, 일본, 한국, 룩셈부르크, 말레이시아, 멕시코, 네덜란드, 뉴질랜드, 노르웨이, 파키스탄, 필리핀(2003년 1월 13일 이후 잠시 보류 중), 폴란드, 포르투갈, 루마니아, 러시아 연방, 사우디아라비아, 세르비아몬테네그로, 싱가포르, 슬로바키아, 슬로베니아, 남아프리카공화국, 스페인, 스웨덴, 스위스, 태국, 터키, 우크라이나, 영국, 미국

- 준회원

  보스니아, 헤르체코비나, 콜롬비아, 크로아티아, 키프로스, 에스토니아, 아이슬란드, 카자흐스탄, 케냐, 북한, 라트비아, 리투아니아, 몰타, 구유고 연방 마케도니아 공화국, 튀니지, 베트남

6) 한국과의 관계

1963년 5월 31일에 한국의 상공부가 본 기구에 가입하였으며, 북한은 같은 해 11월 16일자로 가입하였다. 한국은 매년 개최되는 총회에 대표단을 참석시켜 한국의 전기규격을 국제규격에

반영하고 본 기구에서 결정된 국제규격을 국내에서 적용토록 하였다. 현재 한국대표는 산업자원부 기술표준원이다.

② 정보원

1) 간행물

① IEC 출판물은 영어와 불어로 동시 출판된다. 러시아에서는 내국어로 출판을 준비하고 있다.

② IEC의 출판물의 주제는 다음과 같다.
- International Standard(국제표준)
- Technical Specification(기술명세서)
- Technical Report(기술보고서)
- Guide(지침서)
- Industry Technical Agreement(산업기술조약)
- Publicly Available Specification(공개적으로 이용 가능한 설명)
- Technology Trend Assessment(기술경향평가)

③ IEC 출판물은 두 종류로 나누어진다.
- International Consensus Products(국제적으로 의견 일치 출판물)
  위의 주제 중 International Standard, Technical Specifi-

cations, Technical Reports, Publicly Available Specification, Guides는 이 부분에 속한다.

- Limited Consensus Products(제한된 의견 일치 출판물) 위의 주제 중 Industry Technical Agreement, Technology Trend Assessment는 이 부분에 속한다.

④ 홈페이지에서는 IEC의 간행물에 관한 정보를 제공한다.

- 최근 간행물에 관한 정보
- 현재 진행 중인 연구
- 주제를 통한 검색(또는 ICS 코드를 이용)
- 다운로드(유료이며 아이디와 비밀번호를 사용하여 접속할 수 있다)
- IEC 간행물 목록(카탈로그)
- 간행이 중지되거나 대체된 목록

⑤ IEC의 시리즈 컬렉션('Series Collection')은 IEC가 선정한 9개의 베스트셀러를 말한다. 패키지로 구입할 경우에는 원래 가격에서 15% 할인된 가격으로 구매할 수 있다.

- IEC 61511
  - *Functional Safety − Safely Instrumented Systems for the Process Industry Sector*
- CISPR 16
  - *Specification for Radio Disturbance and Immunity Measures Apparatus and Methods*
- IEC 60076

- *Power Transformers*

• IEC 61158

- *Digital Data Communications for Measurement and Control － Field Bus for Use in Industrial Control Systems*

• IEC 60601 － 1

- *Medical Electrical Equipment*

• IEC 61400

- *Wind Turbine Generator Systems*

• IEC 61508

- *Functional Safety of Electrical/Electronic/Programmable Electronic Safety － Related Systems*

• IEC 62271

- *High － Voltage Switchgear and Controlgear*

• IEC 61850

- *Communication Networks and Systems in Substations*

⑥ 정기구독자

• 정기구독자는 모든 출판물을 정상가격의 40%로 할인받을 수 있다.

• 구독료는 1년에 CHF 35,000, 6개월에 CHF 17,500, 3개월에 CHF 8,750이다.

• 출판물은 온라인(PDF 파일 형식)이나 원본으로 이용 가능하며 온라인 형식은 CD － ROM과 사용자 아이디가 제공된다.

2) 도서관 & 데이터베이스

① 온라인 도서관과 데이터베이스는 관계자나 허가된 판매원만 이용 가능하다.

② 도서관에는 IEC의 모든 출판물이 PDF 포맷으로 저장되어 있다.

③ 데이터베이스는 도서관 이용이 가능한 사람이 구독했을 경우 이용 가능하다.

infoDev

Information for Development Program
정보와개발프로그램

① 기구

1) 소재지

주　　소	The infoDev Program MS F5P−503, The World Bank, 1818 H Street NW Washington, DC 20433 USA
전　　화	+1 202 458 8364
팩　　스	+1 202 522 3186
전자우편	info@infoDev.org
홈페이지	http://www.infodev.org/en/index.html

2) 설립연혁

정보와개발프로그램(infoDev)은 세계은행(World Bank)의 글로벌정보통신국(GICT: Global ICT Department)에 전문가로 이루어진 본부를 두고 있는 국제개발기구들의 파트너십이다.

infoDev는 개발을 위한 정보통신의 정보를 국제적으로 공유하는 것을 지원하면서 양자 간 또는 다자간 기부자(donor)들의 연합활동을 위한 코디네이터의 역할을 한다. 또한 infoDev는 기부자들의 노력 및 투자의 중복사용을 줄이도록 하며, 개발을 위한 정보통신 분야에서의 혁신적인 역할을 하는 공공기관 및 사적기관들의 파트너십을 형성한다.

3) 설립목적

infoDev의 설립목적은 국제적으로 지지되고 있는 새천년개발목표(Millennium Development Goals)의 달성을 위한 국제적 노력의 일환으로 정보통신 효과의 최대화를 지원하는 것이다.

4) 주요 사업

infoDev는 다음과 같이 크게 세 가지 주제를 중심으로 활동한다.
- 모두가 가능한 접근 강화
- 개발 및 빈곤 감소의 방법으로서의 정보통신 주류화
- 혁신, 기업가정신, 성장

② 정보원

1) 정보배포정책

infoDev의 정보원은 'News'와 'Publications'에 있다. 'News'에서는 보도자료 및 뉴스레터를 열람할 수 있고, 'Publications'에서는 분류별, 주제별 브라우징을 통한 자료검색이 용이하다. 'Search'를 통해 키워드 검색이 가능하다.

2) 정보자료

① News

'Highlights'를 통해 최근 보도자료를 제공하며, *Newsletter*는 원문열람이 가능하고 이메일을 통한 구독이 자유롭도록 되어 있다.

- 보도자료
    - *"Innovation.bg" – A Report on Innovation in Bulgaria*
    - *Latin American and Caribbean Conference on Innovation for Entrepreneurship*
    - *Mekong Region Statekholder Awareness Forum*
    - *MENAinc Network Takes Action*
    - *ICT in Education Toolkit Debuts in Malaysia*
    - *Briefing Sheets on Regional Incubation Activities*
    - *IDB Fund Approves US$2.7 Million Grant for ICT4BUS Program to Finance Pilot Projects in Latin America*
    - *Armenia: Viasphere Technopark Innovation Management System*
    - *Creating a Knowledge Platform through Partnerships and Alliances among Incubators*
    - *A Global Capacity Building Initiative for Regulators*
    - *infoDev Partners with the Development Marketplace*
    - *Angola Inaugurates infoDev – Supported Luanda Business Incubator*
    - *ICT for Rural Livelihoods – Survey for Donors and*

- *Executive Level CEO Training Brings Together 70 Participants from 25 Developing Countries to Discuss Regulatory Challenges of New Technologies*
- *InfoDev Releases Updated 'Quick Guide to Low-Cost Computing Devices And Initiatives for the Developing World'*
- *Business Incubation in Action*
- *Valerie D'Costa Joins infoDev as Program Manager*
- *infoDev Releases New Briefing Sheets on ICT4D Policies, Telecentres*
- *infoDev Content Now Offered via RSS*
- *Global Forum in Hyderabad Closes with Recommendations and Action Plans*
- *infoDev Leads World Bank HDweek Learning Session on 'Computers in Schools: Separating Hope from Hype'*
- *2nd Global Forum on Business Incubation Commences in Hyderabad*
- *2nd Global Forum on Business Incubation*
- *ICT in Education Planning Toolkit Debuts in the Pacific*
- *infoDev Commissions ICT and Rural Livelihoods Knowledge Map*
- *InfoDev ICT and Health Resource Library at AskSource.info*
- *infoDev Study Shapes $40 Million World Bank e-*

Ghana Project

- *infoDev and DfID Publish Knowledge Map on M – Banking*
- *infoDev Advises European Commission on Business Incubation in the Caribbean*
- *infoDev Launches Major Assessment of Incubator Program*
- *infoDev Commissions New Research on Public – Private Partnerships(PPPs) in e – Government*
- *infoDev Begins Activities in Africa, the Caribbean and the Pacific Focusing on ICT Use in Education*
- *infoDev Joins UNESCO and Others to Support Further Development of ICT in Education Policy-makers Toolkit*
- *Draft e – Government Knowledge Maps and Toolkit Now Online*
- *infoDev Releases 'Quick Guide to Resources and Work on ICTs and Education in International Institutions and Donor Agencies'*
- *infoDev and Berkman Center Begin Collaborative Study on 'Information Appliances for the Poor'*
- *Online Knowledge Map on ICT and Health Launched*
- *infoDev and ITU Launch New Module of Online ICT Regulation Toolkit*
- *infoDev Day 2006 at the World Bank*

- *infoDev Program Manager Accepts Senior Position in Morocco*
- *infoDev's Incubator Initiative Announces Shortlist*
- *What Can Mobile - Enabled Financial Systems Do for the Poor?*
- *Pre - publication Online Release: Using Technology to Train Teachers*
- *Update on the Request for Expressions of Interest for Using ICT for Public Sector Reform: An e - Gov Knowledge Map and Toolkit*
- *Pre - publication Online Release: M&E of ICT in Education Projects*
- *infoDev Symposium at WSIS Ⅱ Confronts the Challenges and Opportunities in Extending the Information Society to All*
- *infoDev and Alcatel Issue a Joint Report on "Addressing the Communication Needs of the Poor"*
- *Incubator Initiative: Update on Request for Proposals for New Round of Grants*
- *ICT Regulation Toolkit Authorization and Licensing Module Launched*
- *e - Ready for What? A Review of the infoDev e - Readiness Initiative by Bridges.org*
- *The Role of Business Incubators in Supporting Innovation and New Business Creation: Lessons from India*

266

- *infoDev Caribbean Competitiveness Study Finalized*
- *Annual Donors and Partners Meeting*
- *infoDev Incubators Featured in Recent News*
- *infoDev Telecommunications Regulatory Authority of India Workshop*
- *Telecommunications Regulation Toolkit*
- *infoDev Releases Knowledge Map of What is Known in ICT and Education*

• 뉴스레터
- *InfoDev Newsnotes* - July 2007
- *InfoDev Newsnotes* - June 2007
- *InfoDev Newsnotes* - May 2007
- *InfoDev Newsnotes* - April 2007
- *InfoDev Newsnotes* - March 2007
- *InfoDev Newsnotes* - January 2007
- *InfoDev Newsnotes* - December 2006

② Publications

모든 출판물은 PDF로 원문열람이 가능하다. 주제별 목록을 살펴보면 다음과 같다.

• 연구, 툴킷, 안내서(Studies, Toolkits, and Handbooks) - infoDev의 주요 출판물이다.
- *Knowledge Maps: ICTs in Education*
- *Monitoring and Evaluation of ICT in Education Projects*

- *Improving Competitiveness and Increasing Economic Growth in Tanzania: The Role of ICTs*
- *Improving Business Competitiveness and Increasing Economic Growth in Ghana: The Role of ICT-ITES*
- *Micro-Payment Systems and Their Application to Mobile Networks*
- *Using Technology to Train Teachers*
- *ICT-in-Education Toolkit for Policy Makers, Planners and Practitioners*
- *Improving Competitiveness and Increasing Economic Diversification in the Caribbean*
- *Open Access Models*
- *The infoDev Global Network of Business Incubators*
- *Technological Convergence and Regulation*
- *Improving Health, Connecting People*
- *Village Phone Replication Manual*
- *Stimulating Investment in Network Development: Roles for Regulators*
- *Promoting Private Sector Investment and Innovation*
- *e-Ready for What?*
- *Scaling up Innovation and Entrepreneurship in Developing Countries: The Role of Private Sector Finance*
- *Convergence, IP Telephony and Telecom Regulation*
- *Feasibility Study for an Information Society Program for the African, Caribbean and Pacific(ACP) Countries*

- *The Global Information Technology Report 2003 - 2004*
- *The Wireless Internet Opportunity for Developing Countries*
- *Rural ICT Toolkit for Africa*
- *Open Source Software*
- *Monitoring the Digital Divide······ and beyond*
- *Information and Communication Technologies, Poverty and Development*
- *Information Technology Security Handbook*
- *The e - Government Handbook for Developing Countries*
- *ICT for Development: Contributing to the Millennium Development Goals*
- *Telecommunications Regulation Handbook*
- *Framework For the Assessment of ICT Pilot Projects*
- *Mobile Banking: Knowledge Map and Possible Donor Support Strategies*

• 요약보고서(Briefing Sheets) - 특정 주제에 관한 1~4페이지 분량의 보고서
  - *Twelve Key Lessons: ICT and Health*
  - *Quick Guide to Low - Cost Computing Devices and Initiatives for the Developing World*
  - *Policy Issues*
  - *Impact of ICTs on Learning & Achievement*
  - *Monitoring and Evaluation Issues*
  - *Costs: ICTs in Education*
  - *Teachers, Teaching and ICTs*

- *Gender, Special Needs and Disadvantaged Groups*
- *Content and Curriculum Issues*
- *Use of Specific ICT Tools in Education*
- *Current Projects and Practices*
- *School - Level Issues*
- *Quick Guides to Resources and Work on ICTs and Education in International Institutions and Donor Agencies*
- *Quick Guide to Useful Resources Related to the Monitoring and Evaluation of ICT in Education Initiatives*
- *Quick Guide to ICT and Education at UNESCO*
- *Quick Guide to ICT and Education at the UN*
- *Quick Guide to ICT and Education at the OECD*
- *Quick Guide to ICT and Education at the Asian Development Bank*
- *Quick Guide to ICT and Education at DFID*
- *Quick Quide to ICT and Education Activities Supported by USAID*
- *Quick Guide to ICT and Education at the Development Gateway*
- *ICTs and the Education MDGS*
- *Quick Guide to ICT and Education at the World Bank*
- *Quick Guide to Government - Sponsored "Cheap PC" Programs*

- *Topics Related to ICTs in Education that Merit Further Study*
- *Some Noteworthy Recent World Bank Education Projects with ICT Components*
- *Notable Conclusions from Recent World Bank Working Papers*
- *Legacy Portfolio – Past infoDev Education Projects*
- *Quick Guide to ICT4D in International Development Agencies: Policies, Strategies and Key Documents*
- *Quick Guide to ICT and Health Resources Online*
- *Quick Guide to FAO ICT and Rural Livelihood Resources*
- *Quick Guide to ICT and Rural Livelihood Resources Online*
- *Quick Guide to ICT and Education in the Pacific*
- *Quick Guide to Resources and Work on Telecentres in International Institutions and Donor Agencies*
- *Quick Guide to ICT and Education at the Inter – American Development Bank*
- *Quick Guide to Prominent Initiatives Promoting the Development of Low – Cost Computing Devices for Developing Countries*
- *Technologies for Teacher Professional Development – Video*
- *Technologies for Teacher Professional Development*

- *Television*
- *Technologies for Teacher Professional Development – Radio*
- *Technologies for Teacher Professional Development – Computers and the Internet*
- *Quick Guide to Some Alternative Models to Provide Connectivity in Low – and No – Bandwidth Environments*
- *Using Technology to Train Teachers – Overview*
- *Making ICT Projects Work*
- *Online Distance Learning for Teacher Professional Development*
- *ICTs for Teacher Professional Development at a Glance*
- *Effective Partnerships for ICT – supported Teacher Professional Development*
- *Implementing ICT – supported Teacher Professional Development*
- *Models and Best Practices in Teacher Professional Development*
- *Implementation Brief: Best Practices and Models in TPD*
- *Implementation Brief: Implementing ICT – Supported Teacher Professional Development*
- *Evaluation of ICT – Supported Teacher Professional Development*

- *ICTs and Information－Rich Societies: The Role of the Media*
- *e －Government: Some Caveats*
- *What is a Digital Divide and How Do You Close It?*
- *Poverty Traps and Digital Divides*
- *Quick guide to Internet Connectivity Issues in African Universities*
- *Quick Guide to Open Educational Resources*

- 요약문서(Briefing Papers)－특정 주제에 관한 8～30페이지 분량의 문서
  - *Study on Local Open Access Networks for Communities and Municipalities*
  - *Monitoring and Evaluation of ICT4E: An Introduction*
  - *Capacity Building and Management in ICT for Education*
  - *Pro －Equity Approaches to Monitoring and Evaluation: Gender, Marginalized Groups and Special Needs Populations*
  - *Developing a Monitoring and Evaluation Plan for ICT for Education*
  - *Core Indicators for Monitoring and Evaluation Studies in ICTs for Education*
  - *DOs and DON'Ts in Monitoring and Evaluation*
  - *Monitoring and Evaluation of ICT for Education Impact: A Review*

- *ICT - in - Education Toolkit Reference Handbook*
- *ICT4D: The Way Forward*
- *ICT4D: Learning from Experience*
- *ICTs, Poverty and Development: Defining the Issues*
- *ICTs for Development: Time for a Sober Reassessment?*

• 플라이어(Flyers) - infoDev 활동에 대한 정보
- *InfoDev: Making Sense of ICT for Development*
- *InfoDev: Serving the Poor with Mobile Technology*
- *InfoDev: Extending ICT Benefits to All*
- *InfoDev: Business Incubator Initiative*
- *InfoDev: Africa Regional Incubation*
- *InfoDev: Asia Regional Incubation*
- *InfoDev: ECA Regional Incubation*
- *InfoDev: LAC Regional Incubation*
- *IinfoDev: MENA Regional Incubation*
- *InfoDev: iDISC Flyer*
- *InfoDev: Low - Cost ICT Devices*
- *InfoDev: ICT and Education Toolkit*
- *InfoDev: ICT & Education*
- *InfoDev: ICT and Livelihoods of the Poor*

• 보도자료(Press Releases) - infoDev 및 파트너들의 발표문
- *Press Release: infoDev and ITU Launch New Module of Online Regulation Toolkit*
- *Press Release: improving Competitiveness and Increasing Economic Diversification: The Role of ICT(Barbados)*

ISOC

Internet Society

인터넷학회

① 기구

1) 소재지

주 소	ISOC, EMEA, 4, rue des Falaises, CH‑1205 Geneva, Switzerland
전 화	+41 22 807 1444
팩 스	+41 22 807 1445
전자우편	info.emea@isoc.org
홈페이지	http://www.isoc.org/

2) 설립연혁

인터넷학회(ISOC)는 전문회원학회로서 세계 180개국의 20,000여 명 이상의 개인회원과 100개 이상의 기구들이 모여 이루어졌다. ISOC는 인터넷의 미래와 직면하는 문제들을 다루는 데 있어서 리더십을 제공한다. 또한 ISOC는 인터넷엔지니어링테스크포스(IETF: Internet Engineering Task Force) 및 인터넷아키텍처위원회(IAB: Internet Architecture Board)와 같은 인터넷

인프라스트럭처 표준에 책임이 있는 단체들의 모체가 된다. 1992년 설립 이래로 ISOC는 인터넷에 관한 국제 통합(coordination) 및 협동, 인터넷 개발과 기술에 관한 활동을 유지하고 촉진시키기 위한 국제기구로서 활동해 왔다.

3) 설립목적

ISOC의 설립목적은 전 세계의 모든 이들의 이익을 위한 인터넷 사용과 개방된 개발과 진화를 증진시키는 데 있다.

① 인터넷과 인터네트워킹(internetworking) 기술과 응용을 위한 표준의 개발, 유지, 진화, 보급
② 인터넷아키텍처의 성장과 진화
③ 글로벌 인터넷 운영에 필요한 효과적인 행정과정의 유지와 진화
④ 인터넷과 인터네트워킹 관련 교육과 연구
⑤ 인터넷 개발과 사용 가능성을 촉진시키기 위한 국제 단계에서의 행동과 활동의 조화
⑥ 역사와 기록관과 같은 인터넷과 인터네트워킹 관련 정보의 수집 및 분배
⑦ 인터넷인프라스트럭처와 사용의 실행과 진화에 있어서 기술적으로 개발 중인 국가, 지역, 사람들을 지원
⑧ 다른 기구, 정부, 일반 대중과의 연계

4) 주요 사업

① 인터넷의 표준, 프로토콜, 행정, 기술 인프라스트럭처의 개
   방적 개발 촉진
② 개발도상국에서의 교육 지원
③ 인터넷 진화에 중요한 지역의 참여와 리더십을 장려하기 위
   한 전문적 개발 증진과 커뮤니티 조성
④ 인터넷에 관해서 믿을 만한 정보 제공
⑤ 인터넷 진화, 개발, 사용에 영향을 미치는 주제에 관한 토
   의를 위한 포럼 주최
⑥ 국제 협력과 커뮤니티를 위한 환경과 자주적 거버넌스(self
   -governance)를 가능하게 하는 문화 장려
⑦ 인터넷 증진으로의 협동적 노력을 위한 중심으로서 활동
⑧ 전략적 이니셔티브를 위한 관리와 운영 제공

5) 회원

ISOC의 회원은 크게 개인회원과 기관회원으로 나뉜다. 개인회
원은 또다시 지속적 회원(Sustaining Member)과 글로벌 회원
(Global Member)으로 나뉜다.

② 정보원

1) 정보배포정책

ISOC의 정보원은 'Publications'에 있다. ISOC의 연간보고서와
저널을 포함한 출판물을 열람할 수 있다.

2) 정보자료

① *IETF*

인터넷엔지니어링테스크포스(IETF: Internet   Engineering Task Force)가 ISOC와 협동으로 제작하는 출판물이다.

- Volume 3 Issue 1(May 2007)
- Volume 2 Issue 3(November 2006)
- Volume 2 Issue 2(Autumn 2006)
- Volume 2 Issue 1(Spring 2006)
- Volume 1 issue 2(Winter 2005/2006)
- Volume 1 issue 1(Autumn 2005)

② ISP 칼럼

회원들을 위한 서비스의 일환으로 출판되는 정보이다.

- *Transition to IPv6* – August 2007
- *IPv4 Exhaustion Nears* – July 2007
- *Damping BGP* – June 2007
- *IPv6 Ping Pong* – May 2007
- *More ROAP – Routing and Addressing at IETF68* – April 2007
- *Infrastructure ENUM* – March 2007
- *Addressing and the Future Internet* – February 2007
- *32 – Bit AS Numbers – The View from the Old BGP World* – January 2007

- *Securing Inter - Domain Routing* by Geoff Huston - March 2005
- *Securing Routing - An ISP View* by Geoff Huston - February 2005
- *Where's the Money? Internet Interconnection and Financial Settlements* by Geoff Huston - January 2005
- *IP Addressing Schemes - A Comparison of Geographic and Provider - Based IP Address Schemes* by Geoff Huston - December 2004
- *ICANN, the ITU and WSIS and Internet Governance* by Geoff Huston - November 2004
- *ICANN and Internet Governance* by Geoff Huston - October 2004
- *BGP Wedgies* by Tim Griffin and Geoff Huston - September 2004
- *Evolving TCP* by Geoff Huston - August 2004
- *TCP - How it works* by Geoff Huston - July 2004
- *Multi - Homing and Identity in IPv6* by Geoff Huston - June 2004
- *Multi - Homing* by Geoff Huston - May 2004
- *The State of Inter - Domain Routing* by Geoff Huston - April 2004
- *Hunting the Bogon* by Geoff Huston - March 2004
- *Allocations vs Announcements* by Geoff Huston - February 2004

280

- *Its Latency by Geoff Huston* - January 2004
- *That Was the The Year That Was* by Geoff Huston - December 2003
- *Blurring the Lines by Geoff Huston* - November 2003
- *The Trashing of the Commons* by Geoff Huston - October 2003
- *Why are NATs so Popular?* by Geoff Huston - September 2003
- *Lord of the Numbers* by Geoff Huston - July 2003
- *Who are You? A Survey of Digital Identities* by Geoff Huston - June 2003
- *Happy Birthday Ethernet!* by Geoff Huston - May 2003
- *Trust Revisited* by Geoff Huston - April 2003
- *Should the Network Know What We're up to?* by Geoff Huston - March 2003
- *Just How Good are You? Measuring Network Performance* by Geoff Huston - February 2003
- *Waiting for IP version 6* by Geoff Huston - January 2003
- *Response by IPv6 Forum to "Waiting for IP Version 6"* by Latif Ladid and Jim Bound
- *Won't Get Dot Fooled again* by Geoff Huston - December 2002

③ Articles of Interest

원작가의 저작권에 의해 ISOC가 회원들을 위해 재판(Reprint)

한 논문들이다.

- *Network World Interview with IETF Chair Brian Carpenter* by Carolyn Duffy Marsan, Network World
- *DNSSEC* by Miek Gieben, NLnet Labs
- *Internet News Interview with ISOC Board of Trustees Chairman Fred Baker* by Mario Chiari, Italian Magazine Internet News
- *Internet Multicast Tomorrow* by Ian Brown, Jon Crowcroft, Mark Handley, Brad Cain, Jon Crowcroft, Mark Handley, Brad Cain
- *IEEE 802.11* by Edgar Danielyan
- *An Architecture for Securing Wireless Networks* by Gregory R.Scholz, Northrop Grumman Information Technology
- *One Byte at a Time: Bootstrapping with BOOTP and DHCP* by Douglas Comer, Purdue University
- *An Overview of BEEP* by Marshall Rose, Dover Beach Consulting
- *MPLS* by William Stallings

④ *Annual Reports*
- 2006 Report
- 2005 Report
- 2004 Report
- 2003 Report

⑤ *Member Newsletter*

회원들을 위해 월마다 발행되는 정기간행물이다.

ITIF
Information Technology and Innovation Foundation
정보통신혁신재단

① 기구

1) 소재지

주　　소　　Information　Technology　and　Innovation
　　　　　　Foundation　1250　I　Street,　NW,　Suite　200,
　　　　　　Washington, DC 20005, USA
전　　화　　＋1 202 449 1351
팩　　스　　＋1 202 638 4922
전자우편　　mail@innovationpolicy.org
홈페이지　　http://www.itif.org/index.php

2) 설립연혁

정보통신혁신재단(ITIF)은 생산적이고 혁신적이며 기술을 바탕
으로 한 미국에서의 대중정책 아젠다를 국제적으로 연관시키고
증진시키고자 하는 대중정책 씽크탱크의 역할을 하는 비정부기
구이다.

3) 설립목적

ITIF의 설립목적은 모든 미국인들을 위해 정책결정가들이 새로운 혁신경제의 본성과 혁신 및 생산성을 유도할 수 있는 대중정책의 종류를 더 잘 이해할 수 있도록 돕는 데 있다.

4) 주요 사업

ITIF는 정책보고서를 출판하고, 포럼 및 정책토론을 주최한다. ITIF는 혁신을 증진하고 현존하는 정책의 문제점을 분석하기 위한 새롭고 창의적인 정책 제안을 개발한다.

② 정보원

1) 정보배포정책

ITIF의 정보원은 'News Releases'와 'ITIF in the News'로 나뉘어서 제공된다. ITIF가 출간하는 출판물은 이메일을 통해 별도로 요청해야 한다.

2) 정보자료

① News Releases

ITIF가 제공하는 보도내용이다. 최근의 대표적인 목록을 다음과 같이 소개한다.

- ***ITIF to Host Briefing on Release of Internet Radio and***

Copyright Royalties Report

- *Massachusetts, New Jersey, Maryland, Washington and California Top State Rankings in Transitioning to New Economy, Says ITIF－Kauffman Foundation Report*
- *New Report Finds U.S. Tax Incentives for Research and Development Now 17th Most Generous among OECD Nations*
- *New Report Proposes "Third Way" on Network Neutrality*
- *U.S. Continues to Tread Water in Global Broadband Adoption*
- *New Technology Policy Think Tank Launched*

② ITIF in the News

신문이나 뉴스보도에서 소개된 ITIF 관련 소식이다.

- "A Bid to Boost Region's Telecom, Internet Access" *San Jose Mercury News*
- "In the Slow Lane: U.S. Broadband Lags Other Areas" *CNNMoney.com*
- "A Bid to Boost Region's Telecom, Internet Access" *San Jose Mercury News*
- "Experts: Better Broadband Stats Needed" *PC World*
- "Keep the Internet Tax－Free" *Jack Kemp for Townhall. com*
- "Tech Capitals of the World" *The Age*
- "Google Growth May Depend on Lobby Outflanked by

Foes" ***Bloomberg***

- "Royalties and Taxes: Making Money on the Net" ***IEEE Distributed Systems Online***
- "CWA, ITIF Cite Slow U.S. Broadband" ***Dr. Dobb's Portal***
- "CWA Survey: Average Broadband Speed in US is 1.9 Mbps" ***Ars Technica***
- "Helping Hands: PTO Reform" The ***Federal Drive with Mike Causey and Jane Norris***(Radio Program)
- "A Rocky Road to Patent Reform" ***InternetNews.com***
- "Group Calls for More Patent Office Resources" ***PC World***
- "Record Labels Propose Extending Royalties to All Radio" ***BetaNews***
- "Smaller Businesses Lead Tech Growth" ***Chicago Daily Herald***
- "Universities' Alliance will Help State, Schools Say" ***Detroit Free Press***
- "Government Policies Add to Japan's Broadband Success" ***InfoWorld***
- "Think Tank Calls for Expansion of R&D Tax Credit" ***ComputerworldUK***
- "ITIF: Expand the R&D Tax Cut and Make it Permanent" ***InfoWorld***
- "Good Government" ***American.com***
- "Cadence Breaks Ground On Research Building" ***ABC 7***

San Francisco

- "Regulation Seen as Barrier to Innovation" *InfoWorld*
- "Breaking Down the Network Neutrality Debate" *Internet News*
- "Privacy in a Digital World" *Lavasoft News*
- "India Should Open up Govt. IT Procurement" *The Hindu - India's National Newspaper*
- "OMB Must Sell e - Government to New 'in' Party" *Government Computer News*
- "Under New Congress, IT *Issues Seamless in Senate*, Unclear in House" *Government Computer News*
- "Election Could Affect IT Programs" *Government Computer News*
- "U.S. Losing Its Competitive Edge" *FoxNews.com*
- "The Luddites Are Coming!" *CIO Magazine*
- "Experts Believe Violence Could Accompany Internet's Evolution" *TechWeb Technology News*
- "New Technology Raises Privacy Concerns" *USA Today*
- "Weighing High - Tech Bills in Analog" *Los Angeles Times*
- "Internet Businesses Promote Net Neutrality" *Physorg.com*
- "Price of Virtual Living: Patience, Privacy" *CNN.com*
- "Down to Business: Offshore Infighting" *Information Week*
- "China Builds A Better Internet" *CIO Magazine*
- "The RFID Chapter in the Paranoia Handbook" *IT*

Business Net

- "Using Technology against Technology" ***Physorg.com***
- "Net Neutrality Alternative Proposed" ***PC Magazine***
- "Group Adds Alternative to Net 'Tiers'" ***PC World***
- "Little Think Tank Tackles Big IT Policies" ***Public CIO Magazine***
- "Google Makes Some Missteps as It Finds Its Way in Corridors of Power" ***Seattle Times***
- "Retail – Safe RFID Unveiled" ***Wired News***
- "Real ID Hits a Roadblock" New Hampshire Public Radio
- "The Next Bright Idea" ***Federal Computer Week***
- "Privacy Versus Productivity: The Debate over RFID Tags Rages on" ***Optimize Magazine***
- "Reports: U.S. Continues to Tread Water in Global Broadband Adoption" ***BREAD***
- "Washington Insiders Express Criticism, Cautious Optimism over SBA Nominee" ***Inc.com***
- "Political Climate Unfriendly to ID Devices, Backers Say" ***Govexec.com***
- "Tech Industry Attacks State Anti – RFID Laws" ***ZDNet News***
- "New Think Tank Advocates Broadband Incentives" ***Network World***
- "New D.C. Think Tank will Think about Innovation" ***All Business***

- "e‒Government Advocate Takes on RFID Privacy Issue" ***Public CIO Magazine***
- "Big IT Takes Step to Influence Tech Policy In U.S." ***Information Week***
- "New Technology Policy Think Tank Established" ***Federal Computer Week***

ITSO
International Telecommunications Satellite Organization
국제통신위성기구

1 기구

1) 소재지

주　소　3400 International Drive, NW Washington, D.C. 20008 – 3006, USA
전　화　+1 202 243 5096
팩　스　+1 202 243 5018
홈페이지　http://www.itso.int

2) 설립연혁

국제통신위성기구(ITSO)는 1964년 8월 19일, 워싱턴에서 정부 간 협정인 세계상업통신위성제도를 위한 잠정장치설치협정(잠정협정)과 정부 또는 정부 지정 전기통신사업체 간에 체결된 특별협정에 의하여 국제통신위성 컨소시엄으로 발족하였으며, 그 후 법적분쟁 해결을 규정한 제2의 협정인 재정에 관한 보충협정이 체결되어 1966년 11월 21일에 발효되었다.

전기 잠정, 특별 및 보충협정은 1973년 2월 12일 발효된 '확정협정(the Definitive Arrangement)'에 의하여 대체되었으며 동 협정에 의하여 국제통신위성기구(ITELSAT)가 탄생되었다. ITELSAT은 후에 ITSO로 바뀌었다.

3) 설립목적

ITSO는 세계의 모든 지역에 대하여 차별 없이 세계적인 수준으로 효율적이고 경제적인 국제위성통신서비스를 제공하는 것을 목적으로 하고 있다.

4) 기능

① 국제대중전화통신서비스 조항의 주요 원칙 실행을 보장한다.
② 정보통신사회의 요구를 충족시킬 수 있도록 국제전화통신서비스를 개선한다.
③ LCO(Lifeline Connectivity Obligation) 고객 혹은 LCO 고객과 연결 중인 고객에게 용량과 가격 보증을 포함한 대중전화통신서비스를 제공한다.
④ 해당 주의 관할권에 있지 않은 지리적 지역에 의해 나누어지거나, 공해(公海)에 의해 나누어진, 혹은 육상 시설에 의해 연결되어 있지 않고 특수한 자연환경에 의해 육상 시설을 설치할 수 없는 곳에 의해 나누어진 지역들 간에 자국 내 대중전화통신서비스를 제공한다.
⑤ Intelsat, Ltd.의 통신시스템에 차별 없는 접근을 보장한다.

5) 회원

2005년 현재 148개국이 회원으로 등록되어 있다.

6) 한국과의 관계

한국은 회원으로 등록되어 있다. 한국은 가입 후 회의 참가, 대표단 파견 등 활동을 꾸준히 하고 있다.

② 정보원

1) 정보배포정책

① 사이트에 올라와 있는 정기간행물은 ITSO 회원국 대표자만 이용가능하다. 이용을 원할 경우 요청하여 사용자 이름과 비밀번호를 부여받을 수 있다.
② 보도자료(Press Release)는 사이트에서 무료로 이용 가능하다.

2) 정기간행물

- *Quarterly Reports*(2001 – 2004)
- *Annual Reports*(2003)

ITU

International Telecommunication Union
국제전기통신연합

1 기구

1) 소재지

주   소   Place Des Nations Ch-1211, Geneva 20
전   화   +41 22 730 5111
홈페이지   http://www.itu.int

2) 설립연혁

국제전기통신연합(ITU)은 1865년 파리에서 조인된 협정에 따라 설립된 국제전신연합(International Telegraph Union)에서 발전했다. 1932년 국제전기통신협정에 따라 국제전신협정과 국제무선전신협정이 통합되었고, 협정의 효력이 발생하는 1934년부터 국제전기통신연합이 국제전신연합을 계승하게 되었다. 1947년 유엔의 전문기관이 되었으며 협정내용도 몇 차례 개정되었다.

3) 설립목적

ITU는 당초 유럽 국가들의 전신전화서비스를 위한 주파수 할당 및 표준 제정을 위해 설립되었으나 전기통신의 모든 분야에서 국제 협력을 도모하는 국제기구로 변모하였다. ITU의 구체적인 목표는 무선 주파수 사용 시의 질서 유지, 기술·조작상의 문제에 대한 연구 및 개선책 마련, 각 나라들의 전기통신체계의 개발지원이다.

4) 조직

- 189개 회원국과 600여 개의 민간회원
- 전권위원회의(Plenipotentiary Conference)
- 이사회(Council): 지역별로 안배된 46개 이사국으로 구성
  - 미주지역(8개국): 캐나다, 미국, 브라질, 멕시코, 쿠바, 아르헨티나, 베네수엘라, 수리남
  - 서구지역(8개국): 독일, 포르투갈, 스위스, 스페인, 프랑스, 벨기에, 터키, 이탈리아
  - 동구지역(5개국): 러시아, 루마니아, 불가리아, 폴란드, 체코
  - 아프리카지역(13개국): 모로코, 카메룬, 남아공, 알제리, 케냐, 이집트, 세네갈, 튀니지, 말리, 나이지리아, 부르키나파소, 우간다, 가나
  - 아주/호주지역(12개국): 인도, 중국, 태국, 한국, 말레이시아, 사우디아라비아, 일본, 파키스탄, 호주, 인도네시아, 베트남, 이란
- 전파통신, 전기통신표준화, 전기통신개발의 3개 부문

- 사무국(General Secretariat)

5) 주요 사업

- 범세계적으로 모든 종류의 전기통신 개선과 합리적 이용을 촉진하고 이를 위해 회원국 간에 국제 협력을 증진
- 개발도상국에 대한 기술 지원
- 범세계적인 전기통신표준화 촉진
- 각국 무선국 간 유해한 혼선 방지를 위하여 효율적인 주파수 스펙트럼의 관리 및 이용도 제고
- 이를 위한 다음과 같은 사업부서가 있다.
  - General Secretariat and Telecom
  - Radiocommunication(ITU-R)
  - Standardization(ITU-T)
  - Development(ITU-D)

6) 한국과의 관계

- 가입: 1952년(북한은 1975년 가입)
- 분담금: 5단위(2002년: 328,000SFr × 5 = 1,640,000SFr)
- 주요 활동 사항: 1989년 이래 2002년 제16차 전권위원회의 까지 이사국 4선당선

② 정보원

1) 정보배포정책

ITU는 세계의 정보통신 분야를 총괄하는 가장 역사가 긴 국제 기구답게 방대한 정보원을 보유하고 있다. 약 4,500개의 출판 물과 점점 늘어나는 CD-ROM, 온라인 정보원으로 이루어져 있다. 출판물 한정의 상세검색 엔진, 보도자료, 홍보자료 등에 대한 다양한 정보 등을 제공하고 있다. 특히 상세검색 기능 외에도 정보원의 형태별, 소속 부서별 등으로 편리하게 정리되어 있어서 이용이 편리하다. 단 일부를 제외하고 온라인 원문, 인쇄본, CD-ROM, DVD 등 제공되는 정보원이 모두 유료이다.

2) 정보자료

① Publications

'Publications'는 위에서 언급한 바와 같이 정보원 형태별, 소속 부서별로 출판물이 목록으로 정리되어 있으며, 개개의 출판물을 클릭하면 간단한 소개와 함께 제공되는 형태와 가격이 명시되어 있다. 'Annual Report' 등의 일부 자료를 제외하면 모두 유료이다. 원하는 출판물을 'Shopping Cart'에 넣고 주문하면 받아 볼 수 있다. 우선 'Publications' 첫 페이지에 나와 있는 정보원 형태별 구분은 다음과 같다.

- Hard Copy

  인쇄본이 제공되는 출판물 목록이 나타난다.

- Annual Online Subscriptions

일정 가격을 지불하고 계정을 제공받아서 ITU 출판물의 온라인 원문을 직접 받아 보는 연간구독 서비스이다. ‘Publication Notice’를 다운로드하면 구체적인 가격을 알 수 있는데, 개인/단체에 따라 가격이 다르며, 회원국, 최빈국(最貧國) 정부, 대학교 도서관의 경우 할인된다(우리나라의 경우 회원국 할인이 가능하다). 하단에는 이 서비스를 통해 볼 수 있는 출판물 목록이 제시되어 있다.

• CD‒ROM/DVD

CD‒ROM/DVD 형식으로 제공되는 출판물 목록이 나타난다.

• Direct Purchase and Download

ITU의 온라인 서점(Electronic Bookshop)이다. 각 ITU 출판물의 Acrobat PDF, MS Word 형식의 온라인 원문을 신용카드 결제를 통해 바로 받아 보거나, 온라인 입금이나 수표 결제를 통해 지불하고 승인 후에 다운로드하여 볼 수 있으며, 회원국 할인은 제공되지 않는다. 출판물당 기본가격은 20스위스 프랑이다. 가입하면 ITU가 추천하는 세 개의 자료를 무료로 다운로드할 수 있는 기회가 제공된다.

• Browsing

정보원 형태뿐 아니라 ‘Publications’ 첫 페이지 메뉴의 ‘Browsing’을 보면, 사업 부서별 ‘Publications’을 확인할 수도 있는데, 각 사업 부서를 클릭하면 하단에 세부 메뉴가 등장하며 ‘Conference Publications’, ‘Policy Publications’, ‘Service Publications’ 등의 출판물 항목을 클릭하면 된

다. 'Browsing' 메뉴의 최하단의 'Resources'를 클릭하면 출판물 목록을 볼 수 있다. 오른쪽 메뉴에 'Catalogue of Publications', 'List of ITU-T Recommendations', 'List of ITU-R Recommen- Dations & Reports', 'Catalogue of Souvenirs' 등을 클릭하면 PDF 형식의 출판물 목록이 나타난다.

• Search

'Browsing' 메뉴 옆에 'Search'를 클릭하면 검색어를 입력하여 원하는 출판물을 검색할 수 있으며, 사업부서, 언어, 그리고 정보원 형태, 출판연도 등을 지정하여 검색결과를 제한할 수 있다.

② News

News는 출판물과는 달리 원문이 제공된다. 다음의 하위항목이 있다.

• Press Releases

보도자료는 1995년부터 현재까지 연도별로 정리되어 있으며, 날짜별 검색도 가능하다.

• ITU News Magazine

매달 간행되며 누구나 가입하면 무료로 구독이 가능하다. 'Official Announ-cements'와 'Diary'는 가입 없이 볼 수 있다.

• 그 외에도 'Events Calendar Press and PR Contacts', 'Photo Library', 'Media Archives' 등의 항목이 있다.

Net2

NetSquared
넷스퀘어

① 기구

1) 소재지

홈페이지   http://www.netsquared.org/

2) 설립연혁

넷스퀘어(Net2)는 컴퓨멘토(CompuMentor)의 프로젝트인 Tech-Soup의 일환으로 만들어졌다. 이 기구는 약 20년 동안 비영리로 활동해 왔고, 웹기반 지식 및 자원, 기술 등을 직접적으로 제공해 왔다.

3) 설립목적

Net2의 설립목적은 다음과 같다.
- 수많은 비영리기관들과 비정부기구들이 사회변화를 확립하도록 영향력을 증가시키는 데 있어서 인터넷을 성공적으로 이용할 수 있도록 지원

- 수많은 비영리 및 비정부기구들이 그들의 인터넷 커뮤니티를 통해서 더 활발히 활동하고 더 많은 성취를 이룰 수 있도록 지원

4) 주요 사업

① Net2는 웹사이트를 중심으로 하여 배움의 기술, 경험의 공유, 개발의 전문성 등을 온라인 커뮤니티를 통해 제공한다.
② 'Net Tuesday'를 통해 Net2의 회원들은 정기적으로 한 달에 한 번 오프라인 모임을 갖는다.
③ Net2는 또한 컨퍼런스를 개최함으로써 좀 더 많은 프로젝트들이 실제적인 이익을 얻을 수 있도록 노력한다.

② 정보원

1) 정보배포정책

Net2의 정보원은 'Projects'와 'Share'에 있다. 다른 기구들과는 다르게 보고서 형식의 정보원이 아닌 프로젝트의 일환으로 만들어진 웹사이트 자체를 정보로써 제공하고 있다.

2) 정보자료

① Projects

프로젝트를 위한 제안서는 모두 공개하고 있다. 최근 성공

사례로 뽑히는 웹사이트는 다음과 같다.

- MapLight.org: A Light on Money and Politics
- Miro: Open Source, Open Standards Video
- The Freecycle Network

② Share

'Share'에서는 커뮤니티 블로그를 링크시켜 놓아 방문하기 편리하게 해 놓았다. 그 외에 사례연구로 지정된 웹사이트의 모범사례가 될 만한 부분을 소개하고 있다. 사례연구의 대표적인 목록은 다음과 같다.

- *ATSTAR - Helping Teachers Use Tech for Kids with Disabilities*
- *Image Annotation Notebook*
- *How Do You Use Social Networks to Build One?*
- *Board Collaboration for PAPIE*
- *FreePledge*
- *Upper Kirby Citizen Participation Platform*
- *The Cedar Cultural Center*
- *Neighbours in the Global Village*
- *Wireless Networking in the Developing World*
- *Mobilizing Communities around Tech Access for Disabled*

ONI

OpenNet Initiative

오픈네트이니셔티브

1 기구

1) 소재지

주　　소	Ronald J. Deibert Associate Professor and Director, The Citizen Lab Munk Centre for International Studies University of Toronto
전자우편	r.deibert@utoronto.ca
홈페이지	http://opennet.net/

2) 설립연혁

오픈네트이니셔티브(ONI)는 토론토대학 국제학 문크센터 시민연구소(Citizen Lab at the Munk Centre for International Studies, University of Toronto), 하버드 법대 인터넷과 사회를 위한 버크만센터(Berkman Center for Internet & Society at Harvard Law School), 캠브리지 안보프로그램 네트워크 고등연구그룹(Advanced Network Research Group at the Cambridge Security Programme, University of Cambridge), 옥스퍼드대학

옥스퍼드 인터넷 연구소(Oxford Internet Institute, Oxford University)의 앞서가는 4개의 학술기관들의 협력적 파트너십이다.

3) 설립목적

ONI는 인터넷 필터링과 감시를 조사, 표출, 분석하기 위해 설립되었다. ONI는 인터넷 감시와 같은 행위에 따른 의도되지 않은 결과나 잠정적인 함정과 같은 점들을 드러내고 더 나은 공공정책을 위해 활동한다.

4) 파트너 기관

ONI와 협력관계에서 함께 일하는 파트너 기관들은 다음과 같다.
정보통신혁신협회(APC: Association for Progressive Communications)

- 국경없는기자회(RSF: Reporters Without Borders)
- 국제프라이버시(Privacy International)
- 민주주의와정보통신센터(Center for Democracy and Technology)
- 글로벌인터넷자유캠페인(The Global Internet Liberty Campaign)
- 중국의인권(HRIC: Human Rights In China)
- 휴먼라이트워치(Human Rights Watch)
- 국제암네스티(Amnesty International)
- 국제표현교환의자유(IFEX: International Freedom of Expression eXchange)

5) 주요 사업

① 인터넷 필터링 및 감시 연구를 위한 기술적 조사방법 도구
와 주요 방법론 개발 및 배포
② 지방지지자들 및 연구자들의 네트워크 간 역량 강화
③ 필터링 및 감시관행의 현재 트렌드 및 미래 트렌드의 결과
에 관한 고등연구

② 정보원

1) 정보배포정책

ONI의 정보원은 'Research'와 'News'에서 찾아볼 수 있다.
'Research'에서는 보고서 및 논문과 지역 및 국가보고서 등을
열람할 수 있고 'News'에서는 보도자료를 접할 수 있다.

2) 정보자료

① Research

현재 진행 중인 국가보고서나 지역연구 그리고 그 외 보고
서 및 논문에 대한 자료를 제공한다.
지역연구를 위한 지역 분류는 아시아, 호주 및 뉴질랜드,
코먼웰스지역국가, 유럽, 라틴아메리카, 중동 및 북아프리카,
사하라사막, 남아프리카, 미국 및 캐나다로 나뉜다.
연구보고서는 바레인, 미얀마, 중국, 이란, 사우디, 싱가포

르, 튀니지, 아랍에미리트, 베트남, 예멘에 대한 보고서가
나와 있다. 그 외 연구보고서의 예는 다음과 같다.

- *China Tightens Controls on Internet News Content through Additional Regulations*
- *Analysis of China's Non-Commercial Web Site Registration Regulation*
- *Telus Blocks Consumer Access to Labour Union Web Site and Filters an Additional 766 Unrelated Sites*
- *Collateral Blocking: Filtering by South Korean Government of Pro-North Korean Websites*
- *Filtering by Domestic Blog Providers in China*
- *Geolocation Filtering: www.georgewbush.com/Blocked During Run-up to Election*
- *Google Search & Cache Filtering Behind China's Great Firewall*
- *Probing Chinese Search Engine Filtering*
- *Internet Content Filtering in Iran: Verification of Reported Banned Websites*
- *Internet Content Filtering in India: Variations in Compliance and Accuracy*
- *OpenNet Initiative: Bulletin 002*
- *OpenNet Initiative: Bulletin 001*
- *Unintended Risks and Consequences of Circumvention Technologies: The IBB's Anonymizer Service in Iran*

또한 다음과 같은 논문을 열람할 수 있다.

* *Access Denied: The Practice and Policy of Global Internet Filtering*
* *The Geopolitics of Asian Cyberspace*
* *The Move to the Middle: The Enduring Threat of "Harmful" Speech to Network Neutrality*
* *The Filtering Matrix: Integrated Mechanisms of Information Control and the Demarcation of Borders in Cyberspace*
* *The Generative Internet*
* *A Starting Point: Legal Implications of Internet Filtering*
* *Deep Probe: The Evolution of Network Intelligence*
* *Firewalls and Power: An Overview of Global State Censorship of the Internet*
* *"Secret Agents" and "Undercover Brothers": The Hidden Information Revolution in the Arab World*
* *Black Code: Censorship, Surveillance, and Militarization of Cyberspace*
* *Social and Electronic Networks in the War on Terror*
* *Bullets to Bytes: Reflection on ICT and "Local" Conflicts*
* *Be Careful What You Ask For: Reconciling a Global Internet and Local Law*
* *Internet Points of Control*
* *Dark Guests and Great Firewalls: Chinese Internet Security Policy*
* *International Plug'n Play? Citizen Activism, the Internet, and Global Public Policy*

- *How the Internet Did Not Transform Russia*
- *Mapping Russian Cyberspace: Perspectives on Democracy and the Net*

② News

최근 보도자료의 목록은 다음과 같다.

- *Should Extremist Content on the Internet be Governed − RadioFreeEurope/RadioLiberty*
- *The Pitfalls of 'Voluntary' Censorship*
- *China: Cyber − Dissident Jailed for Four Years*
- *China and Hong Kong: Yahoo HK and Shi Tao*
- *US Agencies Boost Satellite Use*
- *Harvard Law School News*
- *AT&T Admits to more Censorship*
- *China: Survival for Standalone Blogs*
- *Monaco: Webmaster Accused of Defaming the Head of State*
- *Internet Content Censorship in Europe − AccuraCast*
- *Laws in Cyberspace − Malaysia Star*
- *Catalysts for Corporate Responsiblity in Cyberspace − CNET News.com*
- *Strict German Computer Crime Law Now in Effect*
- *Censored in Iran, Deleted in USA*
- *Rafael Behr: Watch out − the State is after Your Hard Drive*
- *Australia to Offer Widespread ISP − Level Filtering*

PI
Privacy International
국제프라이버시

① 기구

1) 소재지

주   소   6-8 Amwell Street, Clerkenwell, London
ECIR 1UQ UK
전   화   +44 208 123 7933/+1 202 470 0099
전자우편   privacyint@privacy.org
홈페이지   http://www.privacyinternational.org/

2) 설립연혁

국제프라이버시(PI)는 독립적인 비정부기구로서 1990년에 설립된 인권단체이다. PI는 증가하는 프라이버시 위협에 대처하기 위해 40개국에서 100명 이상의 프라이버시 전문가와 인권조직들이 연대해 프라이버시 보호를 위해 만든 세계조직이다.

3) 회원

컴퓨터 전문가, 학자, 변호사, 기자, 법학자, 인권활동가 등 프라이버시와 데이터 보호의 중요성을 국제적 단계로 인식하고 공통의 관심사를 보이는 이들이 회원으로 활동하고 있다.

4) 조직

PI의 회의는 북미, 유럽, 아시아, 남태평양을 돌며 열린다.

5) 주요 사업

- 캠페인, 네트워킹, 리서치
- 컨퍼런스 개최
- 디지털 기록관
- 기금 마련

② 정보원

1) 정보배포정책

PI의 정보원은 'Information'에서 종류별로 구분하여 찾아볼 수 있다. PI의 활동과 관련한 정보나 보도자료, 유용한 링크, 프로파일, 보고서, 연구자료, 문서 등을 모두 원문 열람할 수 있다. 'Search'를 통한 키워드 검색도 가능하다.

310

2) 정보자료

① Top News

PI에서 중요하다고 생각하는 보도자료이다. 웹페이지에 나와 있는 최근자료는 다음과 같다.

- *Human Rights Organizations Urge U.S. Secretary of Defense to Investigate Biometric Database of Iraqis*
- *Privacy International Calls Internet Giants to Meet on Privacy(Updated)*
- *A Race to the Bottom – Privacy Ranking of Internet Service Companies*
- *PHR2005 – Translations in German and Spanish*
- *UK Government Insists on Right to DNA Profile Juveniles*

② Background Information

간략한 보고서나 연간보고서를 원문 또는 PDF의 형태로 볼 수 있다.

- *PHR2005 – Forward*
- *PHR2005 – Acknowledgements and Front Matter*
- *PHR2005 – Executive Summary*
- *PHR2005 – Overview of Privacy*
- *PHR2005 – Threats to Privacy*
- *PHR2005 – Highlights*
- *PHR2005 – Glossary and International Resources*
- *Backgrounder on the Arar Case on Canadian Rendition*

from the U.S. to Syria

- *About the Financial Action Task Force*
- *About the Carribean Financial Action Task Force*
- *About the Eastern and South African Anti - Money Laundering Group*
- *About the Middle East and North African Financial Action Task Force*
- *About PI - Principal Office Holders and Staff*
- *Background on Policy Laundering*
- *About PI - International Advisory Board*
- *PHR2004 - Front Matter and Foreword*
- *PHR2004 - Executive Summary*
- *PHR2004 - Overview of Privacy 13/11/2004*
- *PHR2004 - Threats to Privacy*
- *PHR2004 - Glossary*

③ Key PI Resources

PI와 관련된 웹사이트로의 링크를 제공하고 있다.

- *Stupid Security Awards Home Page*
- *Freedom of Expression Home Page*
- *Data Protection and Privacy Laws Home Page*
- *Border and Travel Surveillance Home Page*
- *Anti - Terrorism Policy Home Page*
- *ID Cards Home Page*
- *UK ID Cards Home Page*

312

- *Policy Laundering Home Page*
- *Communications Surveillance Home Page*
- *Freedom of Information Home Page*

④ Privacy Profile

프라이버시에 대한 국가보고서를 열람할 수 있다.

- *PHR2004 – The Kingdom of Spain*
- *PHR2004 – The Republic of Chile*
- *PHR2004 – People's Republic of China*
- *PHR2004 – The Republic of Singapore*
- *PHR2004 – The United Mexican States(Mexico)*
- *PHR2004 – Colombia*
- *PHR2004 – The Kingdom of Norway*
- *PHR2004 – The Republic of Bulgaria*
- *PHR2004 – Czech Republic*
- *PHR2004 – The Republic of Ireland(Eire)*
- *PHR2004 – The United Kingdom*
- *PHR2004 – The Republic of Slovenia*
- *PHR2004 – The Kingdom of Norway*
- *PHR2004 – New Zealand*
- *PHR2004 – Costa Rica*
- *PHR2004 – The Republic of India*
- *PHR2004 – Ukraine*
- *PHR2004 – The Republic of South Africa*
- *PHR2004 – The Kingdom of Denmark*

- *PHR2004 − Malta*

⑤ Censorship Profile

검열에 대한 국가보고서를 열람할 수 있다.

- *Silenced − Bahrain*
- *Silenced − South Africa*
- *Silenced − Morocco*
- *Silenced − Mozambique*
- *Silenced − Czech Republic*
- *Silenced − Austria*
- *Silenced − Singapore*
- *Silenced − Italy*
- *Silenced − Belgium*
- *Silenced − Côte d'Ivoire*
- *Silenced − Brazil*
- *Silenced − Senegal*
- *Silenced − India*
- *Silenced − The United Kingdom*
- *Silenced − Costa Rica*
- *Silenced − Australia*
- *Silenced − Hungary*
- *Silenced − United Arab Emirates*
- *Silenced − Ukraine*
- *Silenced − China*

314

⑥ Terrorism Policy Profile

각국의 대테러 정책과 관련한 보고서이다.

- *Terrorism Profile - EU*
- *Terrorism Profile - US*
- *Terrorism Profile - Cuba*
- *Terrorism Profile - Azerbaijan*
- *Terrorism Profile - India*
- *Terrorism Profile - Fiji*
- *Terrorism Profile - Uganda*
- *Terrorism Profile - Peru*
- *Terrorism Profile - Uruguay*
- *Terrorism Profile - Colombia*
- *Terrorism Profile - Venezuela*
- *Terrorism Profile - Argentina*
- *Terrorism Profile - Brazil*
- *Terrorism Profile - Bolivia*
- *Terrorism Profile - Chile*
- *Terrorism Profile - Ecuador*
- *Terrorism Profile - Mexico*
- *Terrorism Profile - Paraguay*
- *Terrorism Profile - South Africa*

⑦ News and Developments

PI 관련 보도자료이다.

- *FOI Survey 2006 Available in Russian*

- *An Open Letter to Google*
- *Google Accused of Conducting Smear Campaign against Privacy International*
- *Europe's Privacy Commissioners Rule against SWIFT*
- *Swiss Privacy Commissioner Claims SWIFT and Swiss Banks Infringed Privacy Law*
- *Belgian Prime Minister Condemns SWIFT Data Transfers to U.S. as 'Illegal'*
- *Canadian Investigation into Rendition Faults Authorities for Inaccurate Data*
- *German Lander Commissioner Legal Analysis Condemns SWIFT Transfers to U.S.*
- *An Open Letter to the CEO of SWIFT on other Covert Programmes for Access to Financial Data*
- *European Parliament Resolution on SWIFT Builds on PI Work*
- *EU Announces Fingerprint Specifications for Passports*
- *US Government Accused of Communications Data Retention and Data Mining*
- *Scotland to Expand DNA and Fingerprint Retention*
- *UK National DNA Database Retains Innocent Children's DNA*
- *Mass Screenings of Volunteers Helps to Build UK DNA Database*
- *U.S. to Transform Border Security Measures*

316

- *Korean Investigation Finds Massive Illegal Taps(external)*
- *EU Moves Closer to Entry－Exit System for Foreigners*
- *Privacy Commissioners Call for Restraint on Retention of Communications Data*
- *European Council Faces Defeat on Retention*

⑧ Legal and Policy Developments

법률과 관련한 정보를 열람할 수 있다.

- *EU－US Passenger Data Transfer Deal Annulled by European Court*
- *Canadian Supreme Court Upholds DNA Databank*
- *UK Government Narrowly Wins ID Card Bill*
- *UK Government Wins Narrow Majorities on ID Card Bill*
- *UK DNA Database to Grow Dramatically under the Criminal Justice Act 2003*
- *UK DNA Database Includes the Innocent and Wrongly Accused under the Criminal Justice and Police Act 2001*
- *UK Retrospectively Applies DNA Profiling in the Criminal Evidence(Amendment) Act 1997*
- *UK Expands DNA Database through the Criminal Justice and Public Order Act 1994*
- *UK Early Beginnings of the DNA Database*
- *UK Government Loses Another Crucial Vote on ID Card Bill*

- *UK Government Loses Crucial Votes on ID Card*
- *European Parliament Approves Communications Data Retention*
- *UK ID Card Bill Barely Survives Commons, again*
- *UK to Introduce New Powers for Deportation for Unacceptable Behaviour*
- *National DNA Data Bank of Canada 2004 – 2005 Annual Report*
- *Canada Annual Wiretap Report 2004*
- *UK Introduces 'E – Borders' Programme, Proposing More Surveillance and Profiling of All*
- *UK ID Card Bill Struggles over First Hurdle*
- *UK 'National Identity Register' is a National Database of Fingerprints*
- *Taiwan Constitutional Court Places Fingerprinting Plan on Hold*

⑨ PI Reports

PI의 공식보고서이다. 대부분이 PDF로 제공된다.

- *PI Responds to the UK Home Office on Attempts to 'Modernise' Policing Powers*
- *PI Commentary on Surveillance and Threats to Journalism (off – site)*
- *PI Report on Freedom of Information, Secrets and Protection of Sources in OSCE*

- *PI Comments on Draft Croatian Secrets Act*
- *PI Report for the European Parliament on U.S. Travel Surveillance*
- *PHR2005*
  - *Country Reports*
  - *Argentina to Chile*
  - *China to Georgia*
  - *Greece to Latvia*
  - *Lithuania to Peru*
  - *Philippines to Sri Lanka*
  - *Sweden to Venezuela*
- *ACLU and PI Release Report at the European Parliament on Passenger Profiling*
- *PI and ACLU Show that SWIFT Auditor Has Extensive Ties to US Government*
- *Pulling a Swift One? Bank Transfer Information Sent to U.S. Authorities*
- *EU − US Passenger Records Deal in Possible Breach*
- *The United States and the Development of DNA Data Banks*
- *UK Leads the Way in Development of a Global DNA Database*
- *What is Wrong with Europe? PI Report Criticises EU Anti − Terror Policies*
- *Briefing on FATF and Financial Surveillance*

- *Index on Censorship Publishes Edition on Policy Laundering (external)*
- *PI Appeals to Europe's Privacy Commissioners to Oppose Retention*
- *PI Comments on Draft Moldovan FOI, Secrets Acts*
- *PI Report on European Commission and Council Proposals on Data Retention*
- *PI Report to the International Privacy Commissioners Conference*
- *International Co - operation Gone Awry - What Happened to Indymedia*

⑩ PI Global Studies

PI의 연구자료이다.

- *Privacy International and EPIC Launch Privacy and Human Rights 2006 Global Study*
- *Freedom of Information around the World 2006 Report*
- *FOI Survey 2004 Available in Arabic 2*
- *Privacy and Human Rights*
- *PI/Freedominfo.org Global Survey 2004: Freedom of Information and Access to Government Record Laws Around the World*
- *PI & EPIC Privacy and Human Rights 2003 World Privacy Survey*
- *Silenced: Censorship and Control of the Internet*

· *Privacy and Human Rights*

⑪ International Standards and agreements

유엔 등의 국제기구에서 승인된 동의안을 찾아볼 수 있다.
대표적인 목록은 다음과 같다.

- *U.N. - Convention on the Physical Protection of Nuclear Material*(1980)
- *U.N. - International Convention against the Taking of Hostages*(1979)
- *U.N. - Convention for the Suppression of Unlawful Acts against the Safety of Civil Aviation*(1973)
- *U.N. - Protocol for the Suppression of Unlawful Acts of Violence at Airports*(1971)
- *U.N. - Convention for the Suppression of Unlawful Seizure of Aircraft*(1970)
- *U.N. - Protocol for the Supression of Unlawful Acts against the Safety of Fixed Platforms Located on the Continental Shelf*(1988)
- *U.N. - Convention on the Prevention and Punishment of Crimes against Internationally Protected Persons*(1973)
- *U.N. - Convention for the Supression of Unlawful Acts against the Safety of Maritime Navigation*(1988)
- *U.N. - Convention on the Marking of Plastic Explosives for the Purpose of Identification*(1991)
- *U.N. - Convention on Offences and Certain Other Acts*

Committed on Board Aircraft(1963)

- *APEC 12th Economic Leaders' Meeting*(2004)
- *United Nations Security Council Resolution 1566*(2004)
- *G8 − Justice and Home Affairs Communiqué − Washington DC*(2004)
- *U.N. − Security Council Meeting − Implementation of the 2001 Anti Terrorism Resolution*(2004)
- *U.N. − Security Council Proposal for the Revitalisation of the 'CTC'*(2004)
- *U.N. − Security Council Resolution: 1526*(2004)
- *U.N. − Report by the Chair of the Counter − Terrorism Committee* RE: Res1373(2004)
- *OAS(Organisation of American States) − Declaration on Security*(2003)
- *APEC Bangkok Declaration on Partnership for the Future* (2003)
- *APEC − Bangkok Declaration on Partnership for the Future*(2003)

⑫ Other Documents

위의 항목들 이외의 문서를 정리해 놓았다.

- *European Report on 'Biometrics at Frontiers' Released*
- *UK 2004 Big Brother Awards Judges Panel*
- *US − VISIT Privacy Documents*
- *Know your Data Retention Czar*

- *Canadian Surveillance and Wiretap Reports*
- *Australia Interception Reports*
- *UK ID Card Proposals Consultation Paper Released*
- *Reckless ID Card Plan will Destroy Nation's Freedom (External)*
- *Australian Parliamentary Committee Report on Law Enforcement Implications of New Technology*
- *Irish Data Protection Commissioner Annual Reports*
- *Irish Data Protection Commissioner Annual Report for 2000*
- *EPIC Cryptography and Liberty 2000 Survey*
- *EPIC Cryptography and Liberty 1999 Survey*
- *Irish Consultation Paper on Transposition of EU Data Protection Law*

⑬ Press Releases

PI의 보도자료이다.

- *Publication of the First International Privacy Rankings*
- *PI Extends Legal action Against Activities of Banking Giant*
- *PI Estimates over 4 Million UK Financial Records Sent Each Year to U.S.*
- *PI Commences Legal Action to Suspend Unlawful Activities of Finance Giant*
- *PI Calls for Yahoo! Boycott over Chinese Co-operation*

- *PI Announces Project on Policy Laundering*
- *US Big Brother Awards 2005 Contenders*
- *PI Statement on UK ID Card Plans – "Will Create Mass Criminality"*
- *Global Human Rights Study Warns of Endemic Privacy Threats*
- *Privacy International & EPIC Release 2004 Annual Global Privacy Study*
- *PI Calls on Mobile Phone Industry to Help Stop Surveillance Abuse*
- *PI Issues Warning against Netherlands Identity Campaign*
- *PI Raises Alarm as U.S. Starts Mass Fingerprinting*
- *PI Accuses EU of 'Blatant Disregard' of Civil Liberties*
- *Privacy International Announces New Website*
- *Privacy International Announces Winners of 6th Annual Big Brother Awards*
- *Nominations for UK Big Brother Awards Announced*
- *Privacy International's Response to the Draft Identity Cards Bill*
- *PI Files Complaints in Sixteen Countries against Google Mail*
- *Useful Ways to Spend the UK Identity Card Budget*

⑭ Legal Library

프라이버시 관련 법안을 열람할 수 있다.

324

- *UK Terrorism Bill Introduced October*
- *Canada Wiretap Guidelines*
- *UK Identity Cards Bill(take deux)*
- *Philippines Anti － Terrorism Bill*
- *UK Identity Cards Bill(take deux － explanatory notes)*
- *Canadian Charter of Rights and Freedoms*
- *Pakistan Draft Law on Data Protection*
- *UK Prevention of Terrorism Act 2005*
- *UK Prevention of Terrorism Bill and Explanatory Memorandum*
- *Ireland's Policy on Data Retention in Terrorism Law*
- *Status of Ratifications of Aarhus Treaty*
- *COE Chart of Ratifications for Cyber － Crime Treaty (external)*
- *COE Chart of Ratifications for Treaty 108 on Data Protection*
- *Argentine Data Retention Law(2004)*
- *UK DNA Law Lords Decision on Marper and LS*
- *Canadian Public Safety Act 2004*
- *Government Announces Draft Legislation*
- *Bolivian Constitutional Amendments Law*
- *Bolivian Decree on Freedom of Information*

⑮ Links and Other Resources

다음과 같은 관련 사이트의 링크를 제공한다.

- Access to Information Programme Foundation
- OSCE Representiatve on Freedom of the Media
- Data Protection and Freedom of Information Commissioner of Hungary
- EU Art. 29 Data Protection Working Party
- Australian Privacy Foundation
- Commonwealth Human Rights Initiative(CHRI) Right to Information
- FAS Foreign Intelligence Surveillance Act(FISA) Pages
- Open Democracy Advice Centre
- South African Human Rights Commission PAIA Pages
- South African History Archive FOI Programme
- EU DG Internal Market Data Protection Homepage
- Mexico‒Information Commission‒Instituto Federal de Acceso a la Información Pública(IFAI)
- Habeas Data in Argentina Blog
- See the Big Brother Awards International Site
- Freedominfo.org
- ARTICLE 19: The Global Campaign for Free Expression
- FOILaw.net
- Wiretapped.net
- GCHQ
- The Communications Security Establishment

⑯ Constitutional Library

각국의 개인정보보호관련 헌법을 정리해 놓았다.

- *Constitutional Protections - Democratic Republic of Congo*
- *Constitutional Protections - Guinea - Bissau*
- *Constitutional Protections - Cape Verde*
- *Constitutional Protections - Benin*
- *Constitutional Protections - Gabon*
- *Constitutional Protections - Burkina Faso*
- *Constitutional Protections - The Gambia*
- *Constitutional Protections - Eritrea*
- *Constitutional Protections - Central African Republic*
- *Constitutional Protections - Angola*
- *Constitutional Protections - Equatorial Guinea*
- *Constitutional Protections - Republic of Congo*
- *Constitutional Protections - Botswana*
- *Constitutional Protections - Ethiopia*
- *Constitutional Protections - Comoros Islands*
- *Constitutional Protections - Egypt*
- *Constitutional Protections - Kenya*
- *Constitutional Protections - Algeria*
- *Constitutional Protections - Chad*
- *Constitutional Protections - Ghana*
- *Constitutional Protections - Burundi*
- *Constitutional Protections - Djibouti*
- *Constitutional Protecions - Cameroon*

SustainIT

ICT and Sustainable Development
정보통신과지속가능한개발

① 기구

1) 소재지

주 소	Suite 3, 2nd Floor, 48 Broadway, Peterborough, PE1 1SB, UK
전 화	+44 1733 312286
팩 스	+44 1733 312782
전자우편	r.craven@ukceed.org/j.selwyn@ukceed.org
홈페이지	http://www.sustainit.org/

2) 설립연혁/설립목적

정보통신과지속가능한개발(SustainIT)은 지속가능한 개발들 간의 관계에 초점을 두고 기술이 이를 위해 사용될 수 있는 방법을 모색하기 위한 영국 CEED의 제일의 자선 이니셔티브이다. SustainIT는 유럽 전체에 걸쳐 영국 내에 있는 대중, 개인, 자원봉사 파트너들과 다음과 같은 활동을 해 오고 있다.

① 양적 그리고 질적 연구조사

② 시범 프로젝트

③ 정책조언과 안내

④ 시상 프로그램 및 모범사례 보급

⑤ 온라인 도구 및 안내자료 개발

⑥ 토론 및 활동 이행

3) 주요 사업

SustainIT는 연구, 정책 개발, 활동 이행 등의 다방면의 프로그램을 시행한다. 주요 영역은 다음과 같다.

① 정보통신을 가능하게 하는 원거리 활동(E-Work)의 경제, 사회, 환경적 의미 평가

② 광대역, 무선네트워크, 휴대전화 등의 중심 정보통신기술의 사회적 그리고 환경적 이익 평가

③ 정보통신장비(WEEE)를 위한 낭비관리옵션(Waste Management Options) 평가

④ 사례연구 보급을 통한 정보기술의 모범사례 촉진

⑤ 지속가능한 개발 성과의 평가 및 정책 마련 과정에의 참여 장려를 위한 온라인 도구 개발

SustainIT는 또한 혁신적이고 높은 질의 연구결과, 프로젝트 활동, 관련 정책 제안에 관해 매우 좋은 명성을 유지하고 있다. 이러한 것을 바탕으로 SustainIT는 다음과 같은 서비스를 제공하기도 한다.

① 지속가능성 측정에 대한 정보통신의 사용 평가

② 다른 기구들의 모범사례 예시 공유

③ 속해 있는 기구 또는 더 큰 커뮤니티의 이득 배치 향상방안
   제안

④ 평가 및 안내자료 제공

⑤ 전략적 충고 및 안내 제공

⑥ 교육 제공

⑦ 전략 및 실행 이벤트 운영

② 정보원

1) 정보배포정책

SustainIT의 정보원은 'Case Study', 'Newsletter'와 'Publications'
에서 찾아볼 수 있다. 사례연구 및 연구보고서, 논문 등의 출판
물 및 보도자료를 키워드 검색 또는 브라우징을 통해 열람할
수 있다.

2) 정보자료

① Case Study

실제상황에서의 예시를 담은 사례 연구를 제공한다. 키워드
검색 또는 브라우징을 통해 원하는 자료를 찾아볼 수 있다.
브라우징을 위한 분류별 목록은 다음과 같다. 단 분류 간
일부 목록이 중복되기도 한다.
• 시대와 장애(Age and Disability)

- *All Together Now*
- *Blue Iris*
- *Broadband Can Assist People with Isabilities or Illness*
- *Contact a Family*
- *Encouraging IT Use Amongst the Elderly*
- *GameON*
- *ICT Case Study: Leicester Disability Information Communication Network*
- *ITCH Network*
- *Lead to Inclusion*
- *Reducing the Digital Divide*
- *Roaring Girl Productions*

• 더 나은 업무법(Better Ways of Working)

- *Atlantic Chambers*
- *Broadband Extends Sales and Helps Stock Control*
- *Broadband File Transfer Saves Time, Money and Transport*
- *Broadband Increases Markets for Rural Businesses*
- *Broadband Keeps Things on Track and Enables Collation of Information*
- *Broadband Opens up New Markets and Saves Time and Money*
- *Broadband Supports Safe and Secure On-line Data Storage*
- *Broadband Telephony can Cut Costs and Improve*

Efficiency and Services
- *BT Conferencing Case Study 2005*
- *Crosswise*
- *FileManager*
- *Grasby Open Learning Centre*
- *ICT Case Study: Bellwether Enterprises Ltd*
- *ICT Case Study: Digital Pen and Paper*
- *JB EYE*
- *Jonathan Ford & Co Chartered Accountants*
- *LookOut Call*
- *Palace Marketing*
- *Pentalk Network*
- *Praktis Solutions*
- *Prescott Architectural Ironmongers*
- *Real - Time, Remote - Accessible Intepreting Service*
- *Remote Business Saves Money, Time and Travel*
- *The 2004 UK eWell - Being Awards Supplement*
- *The Benefit(s) of a Homeworker*
- *Video Transmission is Easy with Broadband*

• 사회 네트워크 조성(Building Social Networks)
- *Homeless Information Pages(HIP)*
- *Most Promising Voluntary Sector Project*
- *Netmums*
- *South Witham Broadband*
- *Tameside Web Radio*

- *Teach UR Mum 2 TXT*
- *Tenantspin*

• 기후변화와 환경효율(Climate Change and Environmental Efficiency)
  - *BigBarn*
  - *City Wildlife*
  - *Enworks Online Resource Efficiency Toolkit*
  - *Flycapture*
  - *Forester GIS(Geographical Information System)*
  - *Greenspec*
  - *ICT Case Study: BEST Network*
  - *ICT Case Study: Forester G.I.S*
  - *Liftshare*
  - *London Green Map*
  - *MAGIC Interactive Map*
  - *School Run*
  - *SMARTWaste*
  - *Sonic Postcards*
  - *The Virtual Schools of Columbia's Coffee-Growing State*
  - *Transport*
  - *UK Phenology Network*

• 디지털 사회통합(Digital Inclusion)
  - *A Virtual Home for the Homeless*
  - *A Vision of the Victorian Governments*

- *Contact a Family*
- *DigiTV*
- *Doncaster Public Information Points*
- *e - Innovations*
- *e - Services for Everyone*
- *Encouraging IT Use amongst the Elderly*
- *Everybody Online Project*
- *GameON*
- *Get Connected Email Helpline*
- *Grasby Open Learning Centre*
- *Gujarati Online*
- *Gylemuir Community Centre*
- *Homeless Information Pages(HIP)*
- *ICT Case Study: Age Concern, Edinburgh*
- *ICT Case Study: Bully Online*
- *ICT Case Study: Leicester Disability Information Communication Network*
- *Into IT in Norfolk*
- *ITCH Network*
- *Kensington Vision*
- *Lambeth Link - up Project*
- *Lead to Inclusion*
- *Manx Telecomputer Bus*
- *MOLI(Mobile Online Learning Initiative)*
- *Net - Guide*

- *Netmums*
- *Networks Online*
- *New Horizons*
- *Notschool.net*
- *Online Communities*
- *Pentalk Network*
- *QT Radio*
- *Radio in Schools Project*
- *Roaring Girl Productions*
- *Sonic Postcards*
- *South Witham Broadband*
- *StartHere*
- *Sustainable ICTs − Various Case Studies*
- *Tackling the Impact of Bullying*
- *Tameside Web Radio*
- *Teach UR Mum 2 TXT*
- *Tameside Web Radio*
- *Teach UR Mum 2 TXT*
- *Tenantspin*
- *The 2004 UK eWell − Being Awards supplement*
- *The HCD System*
- *The Lessons of Information Technology are Better Reading and Professional Skills*
- *Various Case Studies from UNITES*
- *Venture Hotels*

- *WebPlay*

- *Younglivin*

• eWell-Being 입상작(eWell-Being Award entries)

  - *Alloa South and East Social Inclusion Partnership*

  - *BigBarn*

  - *Braintree ICT for Vulnerable Groups*

  - *Byte Back*

  - *Choice Based Lettings*

  - *City Wildlife*

  - *Communication for the Disabled*

  - *Community Empowerment: Visyon*

  - *Community Empowerment: Woodbridge School*

  - *Community Websites*

  - *CONNECT*

  - *Contact a Family*

  - *Craigmillar Community Information Service(CCIS) and the CCIS Teleport*

  - *DigiTV*

  - *Doncaster Public Information Points*

  - *e-Innovations*

  - *e-Planning: Planning for the People*

  - *e-Services for Everyone*

  - *e@SY Connects*

  - *eBenefits*

  - *egeneration.co.uk*

munication Network

- *Implementing Telecare in Local Government*
- *Internet Access in Newham*
- *Internet Kiosk*
- *Internet - Based News and Public Information Service*
- *Into IT in Norfolk*
- *IT Services and Training for Deaf People*
- *ITCH Network*
- *Kensington Vision*
- *Kinawley Integrated Teleworking Enterprise*
- *Lambeth Link - Up Project*
- *Lambeth's Integrated Customer Record Project*
- *Lead to Inclusion*
- *Lewisham Dialogue*
- *Liftshare*
- *Liverpool City Council Abandoned Vehicles Project*
- *LOCATA West London Partnership*
- *London Borough of Hackney GIS*
- *London Boroughs of Ealing, Hammersmith & Fulham*
- *London Green Map*
- *LookOut Call*
- *MAGIC Interactive Map*
- *Manx Telecomputer Bus*
- *Mihealth*
- *MOLI(Mobile Online Learning Initiative)*

- *Most Promising Voluntary Sector Project*
- *mPARK*
- *Naestved Information Society 2000*
- *Net - Guide*
- *Netmums*
- *Networks Online*
- *New Horizons*
- *Notschool.net*
- *Nottinghamshire County Council Telecentre*
- *Online Communities*
- *Pentalk Network*
- *PEOPLink*
- *Performance Improvement through Resource Efficiency*
- *Peterborough Environmental City Trust*
- *Peterborough Women's Electronic Village Hall*
- *Political and Cultural Repression and the Role of the Internet*
- *Radio in Schools Project*
- *Real Time Information System*
- *Reducing the Digital Divide*
- *Remote IT Project*
- *Remote Medical Monitoring Device*
- *Resource Efficiency*
- *Roaring Girl Productions*
- *School Run*

- *Senior Info - Mobil*
- *SMARTWaste*
- *Sonic Postcards*
- *South Witham Broadband*
- *StartHere*
- *Streetcare*
- *SURFiT Kiosks*
- *Surrey Workstyle*
- *Sustainable ICT Applications*
- *Tailored Learning*
- *Teach UR Mum 2 TXT*
- *TechRiders*
- *Telecottage/Telecentre Consultancy*
- *Teleworking in the Med*
- *Tenantspin*
- *The 2004 UK eWell - Being Awards Supplement*
- *The HCD System*
- *The Mixed Fortunes of Mexican Telecentres*
- *The Project City of Seattle Technology Program, USA*
- *The Speke and Garston Partnership*
- *The Virtual Schools of Columbia's Coffee - Growing State*
- *Training Courses to over 90 Towns*
- *Transport*
- *UK Phenology Network*

340

      - *Videoconferencing*

      - *Videoconferencing Technology*

      - *WebPlay*

      - *Wireless Devices Improving Council Services*

- 지속가능한 개발을 위한 일반 정보통신(General ICT for Sustainable Development)

      - *A Global Partnership of Computer Networks*

      - *A Joined-Up Government Project at the Federal Level*

      - *Alloa South and East Social Inclusion Partnership*

      - *Braintree ICT for Vulnerable Groups*

      - *BT Conferencing Case Study 2005*

      - *Byte Back*

      - *Choice Based Lettings*

      - *City Wildlife*

      - *Communication for the Disabled*

      - *Community Empowerment: Visyon*

      - *Community Empowerment: Woodbridge School*

      - *Community Websites*

      - *Craigmillar Community Information Service(CCIS) and the CCIS Teleport*

      - *e-Innovations*

      - *e-Services for Everyone*

      - *Encouraging IT Use amongst the Elderly*

      - *Environmental Defense Fund*

      - *Enworks Online Resource Efficiency Toolkit*

- *Everybody Online Project*
- *Flycapture*
- *Forester GIS(Geographical Information System)*
- *Greenspec*
- *Hair Net*
- *HANTSWEB*
- *Homeless Information Pages(HIP)*
- *HUBS Help Us Be Successful*
- *IBM Japan*
- *ICT Case Study: BEST Network*
- *ICT Case Study: Forester G.I.S*
- *Implementing Telecare in Local Government*
- *Internet Access in Newham*
- *Internet Kiosk*
- *Into IT in Norfolk*
- *IT Services and Training for Deaf People*
- *Kinawley Integrated Teleworking Enterprise*
- *Lewisham Dialogue*
- *Liftshare*
- *Liverpool City Council Abandoned Vehicles Project*
- *London Boroughs of Ealing, Hammersmith & Fulham*
- *London Green Map*
- *MAGIC Interactive Map*
- *Manx Telecomputer Bus*
- *Mihealth*

342

- *MOLI(Mobile Online Learning Initiative)*
- *Most Promising Voluntary Sector Project*
- *Naestved Information Society 2000*
- *Networks Online*
- *New Horizons*
- *PEOPLink*
- *Performance Improvement through Resource Efficiency*
- *Peterborough Environmental City Trust*
- *Peterborough Women's Electronic Village Hall*
- *Political and Cultural Repression and the Role of the Internet*
- *Radio in Schools Project*
- *Real Time Information System*
- *Reducing the Digital Divide*
- *Remote IT Project*
- *Remote Medical Monitoring Device*
- *Resource Efficiency*
- *Senior Info – Mobil*
- *SMARTWaste*
- *Sonic Postcards*
- *South Witham Broadband*
- *StartHere*
- *SURFiT Kiosks*
- *Surrey Workstyle*
- *Sustainable ICT Applications*

- *Sustainable ICTs: Various Case Studies*
- *Tackling the Impact of Bullying*
- *Tailored Learning*
- *Telecottage/Telecentre Consultancy*
- *The Benefit(s) of a Homeworker*
- *The Mixed Fortunes of Mexican Telecentres*
- *The Speke and Garston Partnership*
- *The Virtual Schools of Columbia's Coffee - Growing State*
- *Training Courses to over 90 Towns*
- *UK Phenology Network*
- *Various Case Studies from UNITES*
- *Videoconferencing*
- *Videoconferencing Technology*

• 공공서비스 향상(Improving Public Services)

- *A Joined - up Government Project at the Federal Level*
- *Choice Based Lettings*
- *Doncaster Public Information Points*
- *e - Planning for the People*
- *e - Services for Everyone*
- *e@SY Connects*
- *eBenefits*
- *ICT Case Study: Choice Based Lettings*
- *ICT Case Study: Digital Pen and Paper*
- *ICT Case Study: Leicester Disability Information Com-*

344

> *munication Network*
> - *Islington Technology Mile*
> - *Kensington Vision*
> - *Lambeth Link-up Project*
> - *Lambeth's Integrated Customer Record Project*
> - *London Borough of Hackney GIS*
> - *MAGIC Interactive Map*
> - *MiHealth*
> - *Net-Guide*
> - *Real Time Information System*
> - *Real-Time, Remote-Accessible Intepreting Service*
> - *Stories from the Web*

위의 분류는 다음의 분류에서도 찾아볼 수 있다.

- 2002 eWell-Being 시상작(2002 eWell-Being Award Winners)
- 2003 eWell-Being 시상작(2003 eWell-Being Award Winners)
- 2004 eWell-Being 시상식 최종선정 프로젝트(2004 eWell-Being Awards short-listed Projects)
- 선진국 중 영국 이외 지역 프로젝트(Non UK Projects-Developed Countries)
- 이니셔티브에 관한 짧은 사례연구(Short Case Studies of Interesting Initiatives)
- 영국 프로젝트(UK projects)

② *Newsletter*

최근 목록은 다음과 같다.

- *IT Giants Launch Energy Efficiency Programme*
- *IBM Says Energy Reduction Vital to IT Industry*
- *Initiative to Reduce Printed Waste in the USA*
- *Hi - Tech Addiction*
- *Nanotechnology Used to Efficiently Power Homes*
- *UK Businesses Unwilling to Cut Down Energy Consumption*
- *Government and Fujitsu Launch Energy Saving Programme*
- *BlackBerry Boost For Businesses*
- *All Aboard the Wi - Fi Express*
- *Teleworking Takes off*

③ Publications

전 세계의 지속가능한 개발과 관련된 출판물의 자료를 접할 수 있다. 키워드 검색 및 브라우징을 통해 검색이 가능하며, 분류별 열람 가능한 목록은 다음과 같다.

- 접근성/장애(Accessibility/Disability)
    - *PRESS RELEASE: SustainIT Launch the 2006/07 National eWell - Being Awards*
    - *SustainIT Job Specification - Project Officer - August 2006*
    - *eWell - Being Awards Partnership Opportunities*

- *2005 National eWell−Being Awards Supplement*
- *National eWell−Being Awards: Barbican Location Map and Directions*
- *National eWell−Being Awards: Agenda−15 March 2006*
- *2005 eWell−Being Awards short−Listed Entries*
- *Digital Unite Community Programmes Presentation*
- *People at Home and in Touch Presentation*
- *Digital Strategy*
- *The 2004 UK eWell−Being Awards Supplement*
- *General IT Literacy*
- *Proxicommunication: ICT and the Local Public Realm*
- *Illustrated Handbook for Web Management Teams*
- *Building in Universal Accessibility*
- *Web Content Accessibility Guidelines 1.0*

• 광대역(Broadband)
  - **PRESS RELEASE: SustainIT** *Launch the 2006/07 National eWell−Being Awards*
  - *SustainIT Job Specification−Project Officer−August 2006*
  - *eWell−Being Awards Partnership Opportunities*
  - *2005 National eWell−Being Awards Supplement*
  - *National eWell−Being Awards: Barbican Location Map and Directions*
  - *National eWell−Being Awards: Agenda−15 March*

2006

- *2005 eWell‑Being Awards Short‑Listed Entries*
- *People at Home and in Touch Presentation*
- *SustainIT Broadband and Social Housing Event*
- *SustainIT e‑Health Event*
- *Actnow Sustainable Broadband Summary Report*
- *The Economic, Environmental and Social Impacts of Cornwall's Actnow Project*
- *SustainIT‑Conferencing at BT Press Release June 2005*
- *Digital Strategy*
- *The 2004 UK eWell‑Being Awards Supplement*
- *'Greening Desktops': Government Opportunities‑Jan 2005*
- *IT and Sustainable Development*
- *Broadband: The Role for Communications in Beating Congestion*
- *General IT Literacy*
- *SustainIT‑Connected Communities‑Can They Help to Overcome the Digital Divide?*
- *2003 eWell‑Being Awards Brochure*
- *Broadband as a Tool for the Social and Economic Development of ……*
- *Energy Requirements for a Digital Society*
- *Achieving Best Practice in Your Business*

to Overcome the Digital Divide?

- *2003 eWell-Being Awards Brochure*
- *Broadband as a Tool for the Social and Economic Development of ……*
- *Community Technology Centers as Catalysts for Community Change*
- *Integrating Community Technology and Community Building*
- *K-net Case Studies*
- *Toward Social and Cultural Resonance with Technology: Case studies*
- *An Analysis of InfoDEV Case Studies: Lessons Learned*
- *Case Studies on Good Practice in ICT Projects*
- *Evaluation of the Wired-up Communities Programme -Executive Summary*
- *Civic and Community Technology*
- *Good Practice for ICT Centres in Disadvantaged Communities*
- *The Evolving Role of IT in Community Development Organizations*

• 정보통신 분야에서의 기업의 사회적 책임(Corporate Social Responsibility(CSR) in the ICT Sector)

- ***PRESS RELEASE: SustainIT Launch the 2006/07 National eWell-Being Awards***
- ***SustainIT Job Specification: Project Officer: August***

350

- *2006*
- *eWell-Being Awards Partnership Opportunities*
- *2005 National eWell-Being Awards Supplement*
- *National eWell-Being Awards: Barbican Location Map and Directions*
- *National eWell-Being Awards: Agenda-15 March 2006*
- *2005 eWell-Being Awards Short-listed Entries*
- *SustainIT: Conferencing at BT Press Release June 2005*
- *BT Conferencing Case Study 2005*
- *Conferencing at BT-SustainIT's 2nd Survey of Its Impacts(2005)*
- *Digital Strategy*
- *The 2004 UK eWell-Being Awards Supplement*
- *SustainIT Report-WEEE*
- *'Greening Desktops': Government Opportunities-Jan 2005*
- *SusTel-Sustainable Telework*
- *GeSI-Presentations from Exploring Sustainability in the Information Economy*
- *Good Migrations? BT, Corporate Social Responsibility and the Geography of Jobs*
- *Conferencing at BT: SustainIT's First Study of Its Impacts*

- *Waste and Workers in the Tech Sector*
- *A Sustainable e‑Europe? Can ICT Create Economic, Social and Environmental Value?*
- *GRI Telecommunications Sector Supplement(pilot)*
- *CSR in the IT Industry*

• 정보격차/디지털 사회통합(Digital Divide/Digital Inclusion)
  - *PRESS RELEASE: SustainIT Launch the 2006/07 National eWell‑Being Awards*
  - *eWell‑Being Awards Partnership Opportunities*
  - *2005 National eWell‑Being Awards Supplement*
  - *National eWell‑Being Awards: Barbican Location Map and Directions*
  - *National eWell‑Being Awards: Agenda‑15 March 2006*
  - *2005 eWell‑Being Awards Short‑listed Entries*
  - *Internet Opportunities and Challenges for Patient Information and Support*
  - *Using IT to Support Patient Care in the NHS*
  - *Digital Unite Community Programmes Presentation*
  - *People at Home and in Touch Presentation*
  - *Actnow Sustainable Broadband Summary Report*
  - *The Economic, Environmental and Social Impacts of Cornwall's Actnow Project*
  - *Digital Strategy*
  - *The 2004 UK eWell‑Being Awards Supplement*

- *Enabling a Digitally United Kingdom*

- *IT and Sustainable Development*

- *General IT Literacy*

- *Proxicommunication: ICT and the Local Public Realm*

- *SustainIT: Connected Communities: Can They Help to Overcome the Digital Divide?*

- *2003 eWell－Being Awards Brochure*

- *Broadband as a Tool for the Social and Economic Development of ……*

- *Community Technology Centers as Catalysts for Community Change*

- *Integrating Community Technology and Community Building*

- *K－net Case Studies*

- *Toward Social and Cultural Resonance with Technology: Case Studies*

- *Who Benefits from the Digital Divide?*

- *e－Living D11.3－ICT and Socio－Economic Exclusion Final Report: "e－Living" Waves*

- *An Analysis of infoDEV Case Studies: Lessons learned*

- *Matching up to the Information Society: An Evaluation of the EU, the EU Accessio*

- *Case Studies on Good Practice in ICT Projects*

- *Evaluation of the Wired－Up Communities Programme*

- *Executive Summary*

- *Civic and Community Technology*
- *Good Practice for ICT Centres in Disadvantaged Communities*
- *The Evolving Role of IT in Community Development Organizations*

• e비즈니스(eBusiness)
  - *E - WORKING AT BT - The Economic, Environmental and Social Impacts*
  - *PRESS RELEASE: SustainIT Launch the 2006/07 National eWell - Being Awards*
  - *SustainIT Job Specification - Project Officer - August 2006*
  - *eWell - Being Awards Partnership Opportunities*
  - *2005 National eWell - Being Awards Supplement*
  - *National eWell - Being Awards: Barbican Location Map and Directions*
  - *National eWell - Being Awards: Agenda - 15 March 2006*
  - *2005 eWell - Being Awards Short - listed Entries*
  - *SustainIT e - Health Event*
  - *Sunday Times - Goodbye to Endless Meetings*
  - *SustainIT: Conferencing at BT Press Release June 2005*
  - *BT Conferencing Case Study 2005*
  - *Conferencing at BT: SustainIT's 2nd Survey of Its*

Impacts(2005)

- *Digital Strategy*
- *The 2004 UK eWell-Being Awards Supplement*
- *eBusiness and the Environment*
- *Conferencing at BT-SustainIT's First Study of Its Impacts*
- *A Sustainable e-Europe? Can ICT Create Economic, Social and Environmental Value?*
- *B.e.e. Business Enabled Electronically: The Future for E.business*

- e다이얼로그(eDialogue)
  - *PRESS RELEASE: SustainIT Launch the 2006/07 National eWell-Being Awards*
  - *SustainIT Job Specification-Project Officer-August 2006*
  - *eWell-Being Awards Partnership Opportunities*
  - *2005 National eWell-Being Awards Supplement*
  - *National eWell-Being Awards: Barbican Location Map and Directions*
  - *National eWell-Being Awards: Agenda-15 March 2006*
  - *2005 eWell-Being Awards Short-listed Entries*
  - *Digital Unite Community Programmes Presentation*
  - *Digital Strategy*
  - *e-Water*

- e건강(eHealth)
  - ***PRESS RELEASE: SustainIT Launch the 2006/07 National eWell-Being Awards***
  - ***SustainIT Job Specification-Project Officer-August 2006***
  - ***eWell-Being Awards Partnership Opportunities***
  - ***2005 National eWell-Being Awards Supplement***
  - ***National eWell-Being Awards: Barbican Location Map and Directions***
  - ***National eWell-Being Awards: Agenda-15 March 2006***
  - ***2005 eWell-Being Awards Short-listed Entries***
  - ***Mihealth***
  - ***EPP Online Pilot Project***
  - ***Internet Opportunities and Challenges for Patient Information and Support***
  - ***Using IT to Support Patient Care in the NHS***
  - ***SustainIT e-Health Event***
  - ***Digital Strategy***
  - ***2003 eWell-Being Awards Brochure***
  - ***A White Paper***
  - ***ICT for the Developing World***
  - ***An Analysis of infoDEV Case Studies: Lessons Learned***
  - ***Wired for Health and Well-Being: The Emergence of Interactive Health Communication***

Impacts

• 일반 정보통신과 지속가능성(General ICT and Sustainability)

- *e - WORKING AT BT - The Economic, Environmental and Social Impacts*
- *PRESS RELEASE: SustainIT Launch the 2006/07 National eWell - Being Awards*
- *SustainIT Job Specification - Project Officer - August 2006*
- *eWell - Being Awards Partnership Opportunities*
- *2005 National eWell - Being Awards Supplement*
- *National eWell - Being Awards: Barbican Location Map and Irections*
- *SustainIT Report - WEEE Appendices*
- *National eWell - Being Awards: Agenda - 15 March 2006*
- *2005 eWell - Being Awards Short - listed Entries*
- *Mihealth*
- *EPP Online Pilot Project*
- *Internet Opportunities and Challenges for Patient Information and Support*
- *Using IT to Support Patient Care in the NHS*
- *Digital Unite Community Programmes Presentation*
- *People at Home and in Touch Presentation*
- *SustainIT Broadband and Social Housing Event*
- *Actnow Sustainable Broadband Summary Report*

- *The Economic, Environmental and Social Impacts of Cornwall's Actnow Project*
- *Reduce the Commute*
- *Sunday Times － Goodbye to Endless Meetings*
- *SustainIT － Conferencing at BT Press Release June 2005*
- *BT Conferencing Case Study 2005*
- *Conferencing at BT － SustainIT's 2nd Survey of Its Impacts(2005)*
- *Digital Strategy*
- *The 2004 UK eWell － Being Awards Supplement*
- *SustainIT's Peterborough e － Work Partnership*
- *SustainIT Report － WEEE*
- *'Greening Desktops': Government Opportunities － Jan 2005*
- *Delivering Resource Productivity: The Service Solution*
- *IT and Sustainable Development*
- *Broadband: the Role for Communications in Beating Congestion*
- *General IT Literacy*
- *Proxicommunication: ICT and the Local Public Realm*
- *The Future Impacts of ICTs on Environmental Sustainability*
- *SustainIT － Ework Centres － A Feasibility Study*
- *SustainIT － Connected Communities － Can They Help*

to Overcome the Digital Divide?
- *2003 eWell‑Being Awards Brochure*
- *SusTel: Sustainable Telework*
- *Broadband as a Tool for the Social and Economic Development of ……*
- *Energy Requirements for a Digital Society*
- *Community Technology Centers as Catalysts for Community Change*
- *Integrating Community Technology and Community Building*
- *K‑net Case Studies*
- *Toward Social and Cultural Resonance with Technology: Case Studies*
- *Who Benefits from the Digital Divide?*
- *Towards a Global Partnership in the Information Society*
- *Taking It on‑Developing UK Sustainable Development Strategy Together*
- *e‑Living d11.1‑ICT Uptake and Usage: Panel Data Analysis*
- *e‑Living D11.2 Environmental Impact of ISTs: A Cross‑Sectional Analysis*
- *e‑Living D11.3‑ICT and Socio‑Economic Exclusion Final Report: "e‑Living" Waves*
- *e‑Living D11.4a‑Social Capital and ISTs*

- *e - Living D11.4b - Information Society Technologies, Social Capital and Quality*
- *e - Living D11.5 - Work, Home and Work At Home: Final Report*
- *e - Living D11.6 - Wave 2 Partners Analysis*
- *Conferencing at BT - SustainIT's First Study of Its Impacts*
- *ICT for the Developing World*
- *An Analysis of infoDEV Case Studies: Lessons Learned*
- *Matching up to the Information Society: An Evaluation of the EU, the EU Accessio*
- *A Sustainable e - Europe? Can ICT Create Economic, Social and Environmental Value?*
- *Case Studies on Good Practice in ICT Projects*
- *Civic and Community Technology*
- *Good Practice for ICT Centres in Disadvantaged Communities*
- *The Evolving Role of IT in Community Development Organizations*

• 정보통신 조달(ICT Procurement)
- ***PRESS RELEASE: SustainIT Launch the 2006/07 National eWell - Being Awards***
- *SustainIT Job Specification - Project Officer - August 2006*
- *eWell - Being Awards Partnership Opportunities*

- *2005 National eWell-Being Awards Supplement*
- *National eWell-Being Awards: Barbican Location Map and Directions*
- *National eWell-Being Awards: Agenda-15 March 2006*
- *2005 eWell-Being Awards Short-listed Entries*
- *Digital Strategy*
- *The 2004 UK eWell-Being Awards Supplement*
- *'Greening Desktops': Government Opportunities- Jan 2005*
- *Waste and Workers in the Tech Sector: Benchmarking the ICT Giants on Their Supply*

• 스마트 서비스(Smart Services)
- *PRESS RELEASE: SustainIT Launch the 2006/07 National eWell-Being Awards*
- *SustainIT Job Specification: Project Officer: August 2006*
- *eWell-Being Awards Partnership Opportunities*
- *2005 National eWell-Being Awards Supplement*
- *National eWell-Being Awards: Barbican Location Map and Directions*
- *National eWell-Being Awards: Agenda: 15 March 2006*
- *2005 eWell-Being Awards Short-listed Entries*
- *Mihealth*

- *Digital Strategy*
- *The 2004 UK eWell－Being Awards Supplement*
- *SustainIT Report－WEEE*
- *'Greening Desktops': Government Opportunities－Jan 2005*
- *Community Technology Centers as Catalysts for Community Change*
- *GeSI－Presentations from Exploring Sustainability in the Information Economy*
- *Unwanted Computer Equipment: A Guide to Re－use*

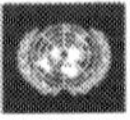

UNDP - APDIP

UNDP Asia - Pacific Development Information Program

유엔개발계획 아시아 · 태평양개발정보프로그램

① 기구

1) 소재지

주 소	UNDP - APDIP, GPO Box 618, Bangkok 10501, Thailand
전 화	+66 2 288 1234/2129
팩 스	+66 2 280 0556
전자우편	webmaster@apdip.net
홈페이지	http://www.apdip.net/

2) 설립연혁

유엔개발계획(UNDP) 아시아 · 태평양개발정보프로그램(APDIP)
은 국가 정부기관과의 협조를 바탕으로 아시아 · 태평양 지역의
국가 및 지역기관들이 사회 및 경제개발을 위한 정보통신의 지
식공유, 네트워킹, 관리, 어플리케이션의 개선을 지원하기 위한
기구이다. APDIP는 정보통신이 개발협력에서 없어서는 안 될
부분이 됨으로써 개발목표를 이루기 위한 지역 정보통신 이니

셔티브를 지원한다.

3) 설립목적

① 빈곤 감소, 지속가능한 인간 개발, 민주적 거버넌스, 젠더 개발을 위한 정보통신의 이익 및 비용편익에 관한 인식 증가와 지역, 국가정책 의견 교환 및 정책과 전략 개발 증진
② 정보 흐름과 접근의 공정성, 특히 젠더 균형에 관한 공정성 증진, 적합한 기술 및 관련 콘텐츠와 지식 관리에 관한 개발과 지역혁신 지원
③ 콘텐츠 개발, 지식 관리, 공평한 접근, 역량 강화, 전자정부에 관한 지역과 국가의 대중 및 사적 파트너십 강화

4) 조직

APDIP는 아시아·태평양 지역의 37개국과 지역 내 APDIP를 위한 새로운 필요와 우선 이슈들을 파악하는 데 있어서의 전문가로 이루어진 국제자문패널(International Advisory Panel)의 지원을 받고 있는 25개의 UNDP 국가사무소 네트워크에 의존한다.

APDIP의 국제자문패널은 2002년에 설립되었다. 패널 구성원은 APDIP가 지역개발에 있어서의 필요, 문제점과 우선 이슈에 관하여 조언하고 정책 및 프로그램 개발에 기여한다. 국제자문패널의 구성원은 아시아·태평양 지역의 각기 다른 분야(정부, 시민사회, 학회, 민영 부문, 국제기구)와 관련 전문 분야(개발, 거버넌스, 에너지 및 환경, 빈곤 감소, 젠더를 위한 정보통신)

로 구성된다. 패널은 APDIP 네트워크의 자원이다. 패널 구성원은 관련 지역 및 국제기관들과 연구기관들 간의 연결을 촉진시키고 잠재 기증자(donors)와 파트너와의 관계를 유지하는 데 있어서 조언 및 지원을 제공한다.

5) 프로그램 대상국가

APDIP는 다음과 같은 국가에서 프로그램을 진행해 오고 있다. 아프가니스탄(Afghanistan), 방글라데시(Bangladesh), 부탄(Bhutan), 캄보디아(Cambodia), 중국(China), 쿡제도(Cook Islands), 북한(Democratic People's Republic of Korea), 미크로네시아연방공화국(Federated States of Micronesia), 피지(Fiji), 인도(India), 인도네시아(Indonesia), 이란(Iran), 키리바시(Kiribati), 라오공화국(Lao PDR), 말레이시아(Malaysia), 몰디브(Maldives), 마셜제도(Marshall Islands), 몽고(Mongolia), 미얀마(Myanmar), 나우루(Nauru), 네팔(Nepal), 니우에섬(Niue), 파키스탄(Pakistan), 팔라우(Palau), 파푸아뉴기니(Papua New Guinea), 필리핀(Philippines), 대한민국(Republic of Korea), 사모아(Samoa), 솔로몬제도(Solomon Islands), 스리랑카(Sri Lanka), 태국(Thailand), 동티모르(Timor-Leste), 토켈라우제도(Tokelau), 통가(Tonga), 투발루(Tuvalu), 바누아투(Vanuatu), 베트남(Viet Nam)

6) 주요 사업

① 정책 개발 및 회담
② 접근성

③ 콘텐츠 개발 및 지식 관리

② 정보원

1) 정보배포정책

APDIP의 정보원은 'News & Events'와 'Online Services'에 있다. 모든 자료는 무료로 원문열람이 가능하다. 주제별 또는 국가별 브라우징을 통한 검색도 가능하다.

2) 정보자료

① News & Events

대표적인 보도내용은 다음과 같다.

- *ICT in Disaster Management: APDIP e-Note 16*
- *2 APDIP e-Notes on Telecentres*
- *APDIP e-Note 13 on ICT Skill Development in the Asia-Pacific Region*
- *UNDP-APDIP Held Government Interoperability Frameworks Workshop and Study Group Meeting*
- *APDIP and APC WNSP Release Publication on Gender and ICT*
- *APDIP and IOSN Release Publication on Free/Open Source Software Network Infrastructure and Security*
- *Commissioner Lallana to Lead UNDPs Project to Pro-*

- *mote Policies for Open Computing Standards in Asia – Pacific Countries*
- *APDIP e – Note 12 on Promoting ICT Access and Use by SMEs*
- *Large Pan – Asian event Opens in Indonesia to Share Knowledge on Free/Open Source Software*
- *Communicating Disasters: Building on the Tsunami Experience and Responding to Future Challenges*
- *APDIP e – Note 11 on Pro – Poor e – Governance*
- *APDIP Shares Knowledge and Lessons Learned from 56 ICT for Development Projects in the Asia – Pacific Region*
- *APDIP Releases a Study of Pro – Poor e – Governance Projects in India*
- *UNDP, IBM and Oracle to Help Asia – Pacific Countries Create Strategies and Policies for Adopting Open Computing Standards*
- *UNDP and Uzbek TV Promotes Free and Open Source Software in Uzbekistan*
- *1st FOSS@Work, Manila, Philippines*
- *APDIP Releases New Publication on Gender in the Information Society*
- *APDIP Releases A Compilation of Case Studies on the Use of Free and Open Source Software for Development*
- *Asia Source II: Technology for NGOs and SMEs, Yawitra Resort, Sukabumi, Indonesia, 22 – 30 January 2007*

***• The First Model e - Village in Sri Lanka Paves the Way
for 24 - Hour Connectivity in other Rural Communities***

② Online Services

주제별 또는 국가별 브라우징은 다음의 분류에 의거한다.

- Browse by Topic(주제별)
    - e - Governance & e - Government
    - Free/Open Source Software
    - Internet Governance
    - Gender & ICT
    - Research & Development Grants
    - Millennium Development Goals & ICT
- Browse by Country(국가별)
    - ICT4D Profile
    - APDIP Projects
    - ICT4D Projects in UNDP Country Offices
    - ICT R & D Grant Projects

또한 온라인 서비스는 다음과 같은 분류를 바탕으로 방대한
정보를 제공하고 있다.

- APDIP e - Resources

    다음과 같은 주제로 APDIP의 출판물에 관한 브라우징이
    가능하다.

    - APDIP e - Notes
    - ICT4D Series

- ICT4D e-Primers
- ICT and MDGs
- Digital Reviews
- FOSS e-Primers
- Other FOSS Resources
- Other Publications and Papers
- Television Programmes/Videos
- Multimedia

- APDIP e-Primers in Wikibooks

APDIP의 도서출판물은 다음과 같은 카테고리를 기준으로 열람 가능하다.

- APDIP Images
- e-Commerce and e-Business
- e-Government
- FOSS a General Introduction
- FOSS Education
- FOSS Government Policy
- FOSS Licensing/Print Version
- FOSS Localization
- FOSS Open Standards
- FOSS: Network Infrastructure and Security
- Gender and ICT
- Genes, Technology and Policy
- ICT4D Books
- ICT in Education

- Information and Communication Technologies for Poverty Alleviation
- Internet Governance
- Legal and Regulatory Issues in the Information Economy
- Nets, Webs and the Information Infrastructure
- UNDP - APDIP Books

• ICT4D Case Studies

개발을 위한 정보통신에 관한 사례연구이다.

UNESCO - CI

UNESCO Communication and Information

유네스코정보통신

① 기구

1) 소재지

주 소	UNESCO - Communication and Information Sector 1, rue Miollis, 75732 Paris Cedex 15, France
전 화	+33 1 4568 4243
팩 스	+33 1 4568 5581
홈페이지	http://portal.unesco.org/ci/en/ev.php - URL_ID = 1657&URL_DO = DO_TOPIC&URL_SECTION = 201.html

2) 설립연혁

유네스코정보통신(UNESCO - CI)은 1990년에 설립되었다. UNE-
SCO - CI의 프로그램은 유네스코의 규약(Constitution)에 의거
하여 '언어(word)와 이미지에 의한 아이디어의 자유로운 흐름'
을 증진시키고자 한다. UNESCO - CI는 파리본부뿐 아니라 27
곳의 현지사무소를 운영하고 있다.

3) 설립목적

UNESCO‒CI는 다음과 같은 세 가지 전략적 목적을 바탕으로 프로그램을 운영한다.

① 아이디어의 흐름과 정보로의 전반적인(universal) 접근

② 다원론적인 표현과 미디어와 정보네트워크 세계의 문화적 다양성 촉진

③ 모두를 위한 정보통신으로의 접근 촉진

4) 조직

UNESCO‒CI는 크게 다음의 세 부서로 이루어져 있다.

① 커뮤니케이션 개발부(Communication Development Division)

② 표현의 자유, 민주주의, 평화에 관한 부서

   (Division for Freedom of Expression, Democracy and Peace)

③ 정보사회부(Information Society Division)

5) 주요 사업

UNESCO‒CI는 다음의 두 가지 정부 간(intergovernmental) 프로그램을 운영한다.

① 커뮤니케이션 개발을 위한 국제프로그램(IPDC: International Programme for the Development of Communication)

② 모든 프로그램을 위한 정보(IFAP: Information for All Programme)

UNESCO‒CI는 위의 두 가지를 포함한 정규 프로그램 외

에도, 아프리카, 아랍국가, 아시아, 태평양, 라틴아메리카 및 카리브해를 중심으로 한 기본예산 이외의 기금으로 운영하는 지역 간, 지역, 국가 프로젝트를 수행한다. UNESCO - CI는 유엔기관, 양자 간 개발기구, 국제기구, 지역비정부기구 등과 같이 협력한다.

② 정보원

1) 정보배포정책

UNESCO - CI의 정보원은 'Resources'에 있는 'News', 'In Focus', 'Documentary Resources', 'Websites', 'Portals'에서 찾아볼 수 있다.

2) 정보자료

① News

UNESCO - CI는 이용자를 위하여 매일의 보도자료를 제공한다. 2001년부터의 보도자료를 'News Archives'에서 모두 열람 가능하다. 최근의 대표적인 목록은 다음과 같다.

- ***School Community Radio Goes on Air***
- ***Is Every Web Surfer a Likely Suspect?***
- ***Bridging the Information Gap in Kyrgyzstan***
- ***UNESCO Director - General Expresses Relief over Liberation of BBC Correspondent Alan Johnston***

- *Developing National Strategies on FOSS in Central Asia*
- *Signature of a Funds－in－Trust Agreement on ICT Capacity Building in Libya*
- *Amharic－Speaking Giraffe Puppet Introduced at 5th World Summit*
- *Director－General Condemns Murder of Iraqi Journalist Hamed Abd Farhan*
- *First AMARC Africa－MENA Conference on Community Radio*
- *Rwandan Students Trained as Professional Journalists*
- *CARIMAC and UNESCO to Offer Online Media Courses*
- *Promoting Journalism Training Excellence in Africa*
- *Building Capacity of Equatorial Guinea Media Workers*
- *ICT Training Helps Teachers to Source Information on HIV/AIDS*
- *Kiribati Workshop Agrees on Information Sharing*
- *UNESCO Mourns Loss of Torben Krogh, Chairman of IPDC*
- *UNESCO Launches Ethiopian Digital Stories Project*
- *Model Journalism Curricula for Developing Countries and Emerging Democracies Launched*
- *Building knowledge Societies*
- *A Prison Community Radio to Aid Rehabilitation*
- *Director－General Condemns Execution of Al－Sabah Managing Editor Filaih Wadi Mijthab*

- *New Online Tool Charts Cybersecurity Standards Developments*
- *New Inscriptions for Memory of the World Register*
- *Facilitating TV Content Creation in India*
- *Director-General Condemns Murder of Iraqi Journalist Sahar Hussein Ali al-Haydari*
- *UNESCO Director-General Condemns Murder of Congolese Journalist Serge Maheshe*
- *Call for Preparation of Action Plan for Community Radio in Maldives*
- *Covering HIV/AIDS in Ethnic Minority Media in China*
- *Building Information Society through Media Education*
- *How Expensive is Film Production in Developing Countries?*
- *Dissemination of Scientific Information through Media*
- *PSB Moves Ahead in Thailand*
- *New Documentary Heritage Properties to be Inscribed on Memory of the World Register*
- *Third International Memory of the World Conference*
- *Director-General Condemns Murder of Cameraman Saif Fakhri in Baghdad*
- *Advancing Gender Equality in the Pacific*
- *Increasing Awareness on HIV/AIDS in Yemen*
- *Director-General Cndemns Killing of Journalists in Iraq*
- *UNESCO Director-General Condemns Murders of Afghan*

Journalists Zakia Zaki and Shokiba Sanga

- *Radio Quyaash in Afghanistan: Female, Free and Here to Stay*
- *Building Capacities of Chinese Media Managers*
- *UN − backed Forum Aims to Spread Technology in Africa*
- *A Workshop to Develop Community Radio in Maldives*
- *Gender and Tolerance on Agenda of World Congress of Journalists*
- *Workshop on Disability Reporting Held in Addis Ababa*
- *Youth Integration: Breaking Down Language Barriers*
- *ICT in Education Prize: Call for Nominations*
- *Conference on School Libraries in Beirut*
- *UNESCO Spported Journalists' Internship Programme Ends in Liberia*
- *Boundless Media Award: Call for Candidates*
- *Conference on Press Freedom, Safety of Journalists and Impunity in MERCOSUR*
- *Afghanistan Independent Kabul Weekly Re − launched*
- *Launch of Publication on the State of Press Freedom in Nepal*
- *Increasing Community Participation in Radio Broadcasting*
- *Training Needs for Science Journalists Prioritized at Conference*

- *Director – General Condemns Murder of Brazilian Journalist Luiz Carlos Barbon Filho*
- *UNESCO/UWI Online Course on Local e – Governance in the Caribbean*
- *Director – General Condemns Murder of Iraqi journalist Ali Khalil*
- *UNESCO – SALIS e – Learning Portal for Awareness Raising on Information Literacy*
- *Defamation and Respect for Values among Topics at Training for Legal Media Professionals*
- *Director – General Condemns Killing of Somali Radio Journalists Abshir Ali Gabre and Ahmed Hassan Mahad*
- *UNESCO and the Association of Media Workers develop Caribbean Network of Young Journalists*
- *5th World Summit on Media for Children in Johannesburg*
- *Director – General Condemns Murder of Iraqi News Journalists Alaa Uldeen Aziz and Saif Laith Yousuf*
- *Building Digital Library with WINISIS*
- *The Open Frame 2007: Call for Productions*
- *Director – General Condemns Murder of Two Palestinian Media Workers in Gaza City*
- *IFAP Encourages Governments to Give more Priority to the Preservation of Information*
- *Official Launch of the World Centre for Language*

Documentation

- *Director－General Condemns the Murder of Journalists on 9 May near Kirkuk(Iraq)*
- *Director－General Voices Concern about Enduring Insecurity for Journalists Working in Somalia*
- *Director－General Condemns Deadly Attack against Radio Dijla, Baghdad*
- *Journalists Observe World Press Freedom Day in Maldives*
- *Press Freedom Alive and Well in the Pacific!*
- *Interactive 3D Learning Objects Move Ahead at the Naledid Factory*
- *Workshop on Press Freedom in Ethiopia*
- *Workshop to Assist Women Journalists in Mauritania to Improve Their Professional Status*
- *UNESCO Supports Media Professionals to Engage Social Peace*
- *Media Professionals from Around the World Adopt Medellin Declaration on Safety of Journalists and Combating Impunity*
- *Afghan Media Marks 3rd May "World Press Freedom Day"*
- *Kerala Villages to Find their Own Space in Cyber World*
- *World Press Freedom Day in Kazakhstan Promotes Open Dialogue between Journalists and UN Agencies*
- *World Press Freedom Day Celebrated by UNESCO's*

New York Office

- *Conference in Uruguay Discussed the Role of CMC in the Achievement of UN Millennium Goals*
- *UNESCO Observes World Press Freedom Day 2007 in Medellin, Colombia, Focusing on Safety of Journalists*
- *Our Community Matters a Lot so Does Our Radio*
- *World Press Freedom Day Workshop to Debate Safety of Journalists and Impunity*
- *UNESCO - supported e - Center for Disaster Communication in the Philippines*
- *Caribbean Journalists to Observe World Press Freedom Day 2007*

② In Focus

2004년부터의 UNESCO - CI가 지정한 특별주제별 출판물을 'In Focus Archives'에서 열람할 수 있다. 최근의 대표적 목록은 다음과 같다.

- *Knowledge Acquisition and Sharing*
- *World Information Society Day*
- *Freedom of the Press*
- *Preservation*
- *Women and ICT*
- *Languages in Cyberspace*
- *UNESCO and PC Refurbishment*
- *Towards Democracy in Iraq*

③ Documentary Resources

정보통신의 다음과 같은 분야의 문서를 찾아볼 수 있다.

 • Strategic Documents(전략문서)

   유네스코, 유엔 및 다른 정부 간 기구에 의한 공식성명서, 유네스코의 총회 등에 의해 결정된 결의안, 유네스코 사무총장 및 다른 주요 장들에 의한 연설문

 • Meeting Documents(회의문서)

   UNESCO-CI에 의해 주최된 이벤트, 컨퍼런스, 회의, 논의, 정부 간 기구에 의한 회기 등에 관한 문서

 • Publications(출판물)

   유네스코에 의해 후원받는 브로슈어, 안내서, 리플렛, 핸드북 등

 • Periodicals(정기간행물)

   유네스코에 의해 후원받거나 출판된 저널, 뉴스레터, 다이제스트, 연속간행물 등

 • Documents by Author(저자별 문서)

   저자별 주요 문서, 연설문, 발표문, 출판물, 멀티미디어

④ Websites

UNESCO-CI와 함께 활동하는 기관들의 웹사이트 링크를 다음과 같이 제공한다. 각 사이트의 이름을 클릭하면 바로 이동할 수 있도록 되어 있다.

 • Partner Institutions(파트너십 관계에 있는 기관들의 웹사이트)

   - American National Forum on Information Literacy (NFIL)

382

- Amnesty International(AI)
- Arab NGO Network for Development(ANND)
- Arab Organization for Human Rights(AOHR)
- Arabic Media Internet Network(AMIN)
- Arabic Network for Human Rights Information(Hrinfo)
- Article 19
- BASMA Association for the Promotion of Employment for the Disabled Persons
- Bibliotheca Alexandrina
- Centre for Communication for Development and Social Change
- French National Institute for Youth and Community Education(INJEP)
- HIV/AIDS and education – UNESCO – IIEP
- Human Rights Watch(HRW)
- Index on Censorship
- Institute for Media, Policy and Civil Society(IMPACS)
- Institute for War & Peace Reporting(IWPR)
- International Bureau of Education(IBE) – Programme for HIV & AIDS education
- International Council on Archives
- International Federation of Journalists(IFJ)
- International Freedom of Expression Exchange(IFEX)
- International Media Support(IMS)
- International News Safety Institute(INSI)

- International Telecommunication Union(ITU)
- Internews
- Las Otras Voces
- Office of the United Nations High Commissioner for Human Rights(OHCHR)
- Reuters Foundation
- SchoolNetAfrica
- Task Force on Financial Mechanisms(TFFM)
- UN ICT Task Force
- United Nations Assistance Mission for Iraq(UNAMI)
- University of Minnesota Human Rights Library
- Working Group on Internet Governance(WGIG)
- World Association of Newspapers(WAN)
• Partner Projects(유네스코와 다른 기관들이 함께 한 프로젝트 관련 웹사이트)
  - Infoyouth Network
  - Itrain Online Multimedia Training Kit
  - Jeunesse arab.info
  - Latin American Virtual Library of Texts on HIV/AIDS Prevention
  - Libraries Success Stories Database
  - UNESCO Office in Bangkok‐Used computers
• Related Links(그 외 UNESCO‐CI의 활동과 관련된 웹사이트)
  - ADOLEC

384

- Alphabetic Systems of African Languages
- Can ICT Help Close the Gender Gap?
- Child Rights Information Network(CRIN)
- Development Gateway - e - Government
- Director - General of UNESCO
- Discussion Forum: Freedom of Expression
- Encyclopaedia Britannica
- Encyclopaedia Universalis
- First Meeting of the Internet Governance Forum(Athens, Greece, 31 October - 2 November 2006)
- Gender Equality +
- Heinrich Böll Foundation - WSIS Special
- ICT for Education(UNESCO Bangkok)
- ICT4ID - Selection of Photos from Photo Bank
- Integrated Regional Information Networks(IRIN)
- International Literacy Day 2005
- Iraqi Constitution(the Site is Currently Unavailable Due to the Revision of the Constitution)
- Management of Severe Acute Respiratory Syndrome
- Message from Mr Koïchiro Matsuura, Director - General of UNESCO, on the Occasion of World AIDS Day 2006
- Millennium Development Goals
- National University of East Timor Library
- Niqash Online Community Iraq

- Online Governance
- Oxford Reference Online(Dictionaries)
- Pacific ICT Portal
- PeaceWomen
- Promoting Books and Reading
- Secretariat of the Internet Governance Forum
- The Guide for Electronic Theses and Dissertations
- UN News Focus on Iraq
- UNESCO: Acting with and for Youth
- UNESCO Action in Favour of Indigenous Peoples
- UNESCO and Freedom of Expression
- UNESCO and Human Rights
- UNESCO and Iraq
- UNESCO and the World Summit on Information Society
- UNESCO Archives
- UNESCO Archives Portal
- UNESCO at 60
- UNESCO Celebrates International Women's Day - 2007
- UNESCO Commemorates World AIDS Day, 1 December 2006
- UNESCO Documentation Centres
- UNESCO Free Software Portal
- UNESCO Information Sources

- UNESCO Libraries Portal
- UNESCO Library
- UNESCO Observatory on the Information Society－e
  －Governance
- UNESCO Observatory on the Information Society－
  Special Focus on Women
- UNESCO Publishing
- UNESCO Terminology database
- UNESCO Thesaurus
- UNESCO WSIS Publication Series
- UNESCO's Response to HIV/AIDS
- Union of International Associations
- Wikipedia
- WSIS－Civil Society Platform
- WSIS－World Summit on the Information Society
  2003 and 2005

⑤ Portals

'Libraries', 'Archives', 'Information Society', 'Free & Open Source Software' 등의 포털사이트를 링크시켜 놓았다.

UN - ICTTF

UN Information and Communication Technologies Task Force

유엔정보통신특별전문위원회

① 기구

1) 소재지

주　　소	1 UN Plaza, Room DC1 - 1464 New York, NY 10017, United States
전　　화	+1 212 963 5796
팩　　스	+1 917 367 4340/ +1 212 963 2812
전자우편	icttaskforce@un.org
홈페이지	http://www.unicttaskforce.org/

2) 설립연혁

유엔정보통신특별전문위원회(UN - ICTTF)는 유엔의 정부 간 결정에 의해 최초로 설립된 혁신적 기구이다. UN - ICTTF는 경제사회이사국(ECOSOC: Economic and Social Council)의 요청에 따라 2001년 3월에 설립되었다. ICTTF는 글로벌 정보격차(digital divide)를 줄이고, 정보 습득 기회를 증가시켜 궁극적으로

로 모두를 위한 개발에 정보통신을 확고히 포함시키는 노력을 정착시키고자 하는 의도에서 시작되었다. 확실하고 지속적인 결과를 달성하기 위해서 개발을 위한 정보통신의 영역을 위한 활동은 반드시 지역적으로 이루어져야 하며 지역 단계에서의 협력이 이루어져야 하는 동시에 넓은 의미의 아젠다는 국제적인 의미에서 정해져야 한다. 유엔은 ICTTF를 통해 이러한 노력을 기울이고, 이것은 동시에 유엔만의 강점을 잘 반영하는 것이라 할 수 있다.

3) 설립목적

UN-ICTTF의 목적은 정보통신의 개발을 위한 전략을 세우는 것을 지원하는 유엔의 역할에 전반적인 리더십을 제공하는 것이다.

4) 조직

UN-ICTTF의 전신은 2000년 4월에 열린 유엔을 중심으로 한 산업, 학회, 시민사회, 정부의 독립적 전문가들의 회의에서 시작한다. 이후 유엔의 새천년정상회담(Millennuim Summit)에 의해 ICTTF의 구체적인 목적이 정해졌다. 이에 따라 ICTTF는 고위급 자문패널(High-level Panel of Advisers)에 의한 전략 및 정책 개발을 지원해 왔다.

5) 주요 사업

UN-ICTTF는 다양하고 국제적으로 승인된 개발의 목표 및 유엔 목표(target)를 향상시키고자 활동한다. 특히 빈곤 퇴치와 최저개발국 및 저임금국가의 특별한 필요에 부응하는 활동을 펼친다. ICTTF는 글로벌 네트워크 사회의 조화로운 개발과 지속가능한 결과를 확실시하기 위해 민영 부문과 협력하기도 한다. 또한 정부, NGO, 학회, 시민사회 등의 다양한 기관들과의 협조관계를 구축한다.

② 정보원

1) 정보배포정책

ICTTF의 정보원은 'Document', 'Press Center', 'Collaborative Links' 그리고 'Global Database'에서 찾을 수 있다. 'Search'를 통해 웹페이지 전체의 정보 중 필요한 자료를 키워드, 국가, 지역, 주제별로 검색할 수 있다.

2) 정보자료

① Document

웹페이지 왼쪽 상단 부분의 'About'에서 찾아볼 수 있다. 대중에게 공개된 UN-ICTTF의 문서를 열람할 수 있다. 최근의 대표적인 목록은 다음과 같다.

390

- *Fourth Annual Report of the Information and Communication Technologies Task Force*
- *Global Alliance for ICT and Development Launched*
- *UN ICT TASK FORCE Events in Tunis Help to Further Summit Agenda*
- *UN ICT Task Force Series 11: Information and Communication Technology for Peace – The Role of ICT in Preventing, Responding to and Recovering from Conflict*
- *UN ICT Task Force Series 12: Reforming Internet Governance: Perspectives from the Working Group on Internet Governance(WGIG)*
- *UN ICT Task Force Series 9: Harnessing the Potential of ICT for Education – A Multistakeholder Approach*
- *United Nations ICT Task Force Side Events at the World Summit on the Information Society*
- *UN ICT Task Force Series 10: Village Phone Replication Manual*
- *UN ICT Task Force Series 8: The World Summit on the Information Society: Moving from the Past into the Future*
- *UN ICT Task Force Series 7 – WTO, e – Commerce and Information Technologies: From the Uruguay Round through the Doha Development Agenda*
- *Third Annual Report on the UN ICT Task Force*
- *Informal Summary of The Global Forum on A Multi-

stakeholder Approach to Harnessing the Potential of Information and Communication Technologies For Education

- *Innovation and Investment: Information and Communication Technologies and the Millennium Development Goals*
- *UN ICT Task Force Series 6 - Creating an Enabling Environment: Toward the Millennium Development Goals*
- *Informal Summary of the Global Forum on Enabling Environment*

② Press Center

ICTTF의 대외 보도자료를 제공하고 있다.

- *Global Alliance for ICT and Development to be Chaired By Craig Barrett of Intel*
- *Global Alliance for ICT and Development Launched*
- *UN ICT TASK FORCE Events in Tunis Help to Further Summit Agenda*
- *World Summit Hailed as Resounding Success; Consensus, Commitment Pave Way to More Equitable Information Society*
- *UN Global Round Table Recommends Ways to Utilize Science and Technology for Development*
- *United Nations to Hold High - Level Round - Table Forum on Science and Technology for Development, 13*

September

- *Government of India to Play a Lead Role in the United Nations Initiatives for Bridging the Digital Divide*
- *UN Dublin Forum Calls for Practical Interventions to Promote Education through Information Technology*
- *Co - operative Learning Centre*
- *Press Release: Release of UN Commissioned Report on Information & Communication Technologies by the Talal Abu - Ghazaleh Organization*
- *UN Information and Communication Technologies Task Force to Meet in Berlin, 19 - 20 November*
- *United Nations Establishes Working Group on Internet Governance*

③ Collaborative Links

다양한 참여자들의 파트너십을 통한 지역적, 국가적, 세계적인 개발과 정보통신, 글로벌 포럼을 위한 링크를 다음과 같이 제공하고 있다.

- Partner Organizations
  - World Economic Forum

    홈페이지: http://www.weforum.org

  - Development Gateway

    홈페이지: http://developmentgateway.org

  - French Ministry of Foreign Affairs - General Directorate for International Cooperation

홈페이지: http://www.diplomatie.gouv.fr/thema/dossier.asp?
DOS = NTIC
- African Information Society Gender Working Group
  홈페이지: http://www.whrnet.org
- Association for Progressive Communication
  홈페이지: http://www.apc.org
- Cisco Systems
  홈페이지: http://www.cisco.com
- Cisneros Group of Companies
  홈페이지: http://www.cisneros.com
- Department for International Development
  홈페이지: http://www.dfid.gov.uk
- Department of Public Enterprise – Government of Ireland
  홈페이지: http://www.irlgov.ie/tec
- Development Gateway Foundation
  홈페이지: http://www.dgfoundation.org
- Food and Agriculture Organization of the United
  Nations
  홈페이지: http://www.fao.org
- German Foreign Office
  홈페이지: http://www.auswaertiges – amt.de
- Grameen Bank, Bangladesh
  홈페이지: www.grameen.org
- Health Internetwork
  홈페이지: http://www.healthinternetwork.net

- Hewlett Packard

  홈페이지: http://www.hp.com

- Industry Canada

  홈페이지: http://www.ic.gc.ca

- Information Society Programme in Brazil

  홈페이지: http://www.socinfo.org.br

- International Trade Centre

  홈페이지: http://www.intracen.org/e－trade

- ITU

  홈페이지: http://www.itu.int

- KTF

  홈페이지: http://www.ktf.com

- Markle Foundation

  홈페이지: http://www.markle.org

- Ministry of Informatics and Communications of Cuba

  홈페이지: http://www.mic.cu

- Network Computer Systems Ltd.

  홈페이지: http://www.ghana.com.gh

- Nokia Corporation

  홈페이지: http://www.nokia.com

- STMicroeletronics

  홈페이지: http://www.st.com

- Stockholm Challenge

  홈페이지: http://www.stockholmchallenge.se/

- Swedish International Development Cooperation Agency

  홈페이지: http://www.sida.se
- Talal Abu - Ghazaleh & Co. International
  홈페이지: http://www.tagi.com
- U.S. Department of State
  홈페이지: http://www.state.gov
- UNCTAD
  홈페이지: http://www.unctad.org
- UNDP
  홈페이지: http://undp.org
- UNESCO
  홈페이지: http://www.unesco.org)
- UNFIP
  홈페이지: http://www.un.org/unfip
- World Agriculture Information Center
  홈페이지: http://www.fao.org/waicent
- World Bank
  홈페이지: http://www.worldbank.org
- World Intellectual Property Organization(WIPO)
  홈페이지: http://ecommerce.wipo.int/databases/cctld/
  index.html
- World Summit Awards
  홈페이지: http://www.wsis - award.org

• Links

다음과 같은 분류를 기본으로 브라우징을 통한 자료열람
이 가능하도록 되어 있다.

[분야별]

- 56th General Assembly Special Meeting on ICT
- African Stakeholders Network(ASN)
- Arab States
- Asia
- Business Enterprise and Entrepreneurship
- Digital Diaspora Network for the Caribbean
- Eighth Meeting of the UN ICT Task Force
- Enabling Environment
- Europe and Central Asia
- Fifth Task Force Meeting
- Fourth Task Force Meeting
- Global Alliance for ICT and Development
- Global Roundtable Forum on "Innovation and Investment: - Scaling Science and Technology to Meet the MDGs"
- Human Resource Development and Capacity Building
- ICT Indicators and MDG Mapping
- ICT Policy and Governance
- Internet Governance
- Latin America and the Caribbean
- Low Cost Connectivity and Access
- Members Only
- Moscow Node
- National and Regional e-Strategies

- Ninth Meeting of the UN ICT Task Force
- Panel of Advisors
- Seventh Meeting of the UN ICT Task Force
- Sixth Meeting of the UN ICT Task Force
- Tenth Meeting of the UN ICT Task Force
- Third Task Force Meeting
- World Summit on Sustainable Development
- World Summit on The Information Society

④ Global Database

'Development Gateway Foundation'의 웹페이지로 이동하여 검색을 통하여 원하는 정보를 열람할 수 있도록 되어 있다. 홈페이지: http://aida.developmentgateway.org/AidaHome.do

WDR
World Dialogue on Regulation for Network Economies
세계네트워크경제규율기구

① 기구

1) 소재지

주　　소　Centre for ICT, Danish Technical University
　　　　　2800 Kgs. Lyngby, Denmark
전　　화　+45 4525 5178
팩　　스　+45 4596 3171
홈페이지　http://www.regulateonline.org/

2) 설립연혁

세계네트워크경제규율기구(WDR)의 프로젝트는 infoDev, 글로
벌 정보기술국(Global Information and Technologies Department)
그리고 세계은행(World Bank)에 의해 시작되었다. 이 프로젝트
는 infoDev의 주요 프로그램 및 정보 인프라스트럭처 개발을
토대로 이루어진다. 이 프로젝트는 2000년 7월 1일에 시작하여
3년 동안 지속되었다. 프로젝트들은 총 4개의 사이클(cycle)로
나뉘어 진행되었고, 주로 전기통신 개선(telecom reform)과 정
보 인프라스트럭처 개발에 관해 웹기반으로 하여 다루어졌다.

3) 설립목적

WDR의 설립목적은 프로젝트를 위한 다양한 종류의 파트너들을 이끌어 프로젝트가 독립적인 구성체로서 중요하게 다루어지도록 하는 데에 있다. 설립 파트너들은 infoDev, LIRE.NET의 대학들(덴마크 기술대학(Technical University of Denmark)과 네덜란드의 델프트 기술대학(Delft University of Technology)), 국제전기통신연합의 전기통신개발부서(ITU/BDT: International Telecommunication Union, Telecommunication Development Bureau), 런던정경대(London School of Economics)의 Media@LSE, 정보네트워킹지식학습센터(LINK: Learning Information Networking Knowledge Center) 그리고 위츠대학교(Wits University)이다.

4) 주요 사업

- 정해진 커뮤니티 안에서 미개척 주제에 대한 논의 촉진
- 해마다 나오는 우선적인 연구과제에 대한 보고서 제작
- 포럼, 세미나, 회의 등을 통한 전문가들의 토의 촉진
- 연구물 출판

2 정보원

1) 정보배포정책

WDR의 정보원은 'Research'에서 찾을 수 있다. 'Research'에서는 프로젝트 사이클별로 정보를 원문으로 열람할 수 있다. 보고서 및 출판물은 'Resources'의 주제별 브라우징을 통해 색인이 가능하고, 또한 'WDR Archives'를 통해 원하는 정보 검색이 가능하다.

2) 정보자료

① Research

프로젝트의 총 4개의 사이클별 열람 가능한 목록은 다음과 같다. 대부분의 자료가 PDF로 열람이 가능하며, 직접 구매가 가능한 보고서도 있다.

[1st Cycle: 2001~2002년]

- *Final Research Paper 2002: Designing Next Generation Telecom Reform: ICT Convergence or Multisector Utility?*
- *Theme 2002: The Next Step in Telecom Reform*
- *Draft Report of WDR Theme 2002*
- *Rationales for Convergence and Multisector Regulation*
- *Multisector Utility Regulation*
- *Some Implications for Regulation of ICT and Media Convergence*
- *Building the Regulatory Foundations for Growth in*

Network Economies

[2nd Cycle: 2003~2004년]

- *Stimulating Investment in Network Development*
- *WDR Discussion Paper 0311 — Regulation and Investment: Case Study of Bangladesh*
- *WDR Discussion Paper 0310 — Stimulating Investment in Network Development: The Case of South Africa*
- *WDR Discussion Paper 0309 — Benchmark Indicators for African NRA Websites*
- *WDR Discussion Paper 0308 — Cost Based Interconnection Charges, Competition and Investments*
- *WDR Discussion Paper 0307 — Regulation and Electronic Commerce in Developing Countries*
- *WDR Discussion Paper 0306 — A Case Study on Somaliland, in the Framework of the WDR project*
- *WDR Discussion Paper 0305 — Telecom Developments and Investments in Ghana*
- *WDR Discussion Paper 0304 — Indian Telecommunications Policy and Regulation: Impact on Investment*
- *WDR Discussion Paper 0303b — Regulation and Investment: Sri Lanka Case Study*
- *Discussion Paper WDR 0302a — Telecoms in Denmark: Investment, Performance and Regulation*
- *WDR Discussion Paper 0301 — Stimulating Investment in*

Network Development

[3rd Cycle]

- 정보통신과 재해경고(ICTs and Disaster Warning)
  - *Dam-related Hazard Warning System*
  - *Mobilizing Information and Communications Technologies for Effective Disaster Warning*
  - *Draft Report: Actions Required to Avoid and Mitigate Dam Disasters*
  - *National Early Warning System: Sri Lanka*
  - *Special Dossier: Emergency Communication*
  - *Regulatory Design for Disaster Preparedness and Recovery: The Missing Link*
- 개발도상국의 네트워크 개발과 사용 지표(Indicators of Network Development and Use in Developing Countries)
  - *Cooperation on Indicators Theme in Asia*
  - *SME e-Access and e-Usage Index Survey*
  - *Payphone Use Steady*
  - *African e-Index*
  - *Variations on the Expenditure in Communications in Developing Countries*
  - *South African e-Index Draft Report*
  - *Towards an African e-Index: Understanding Supply and Demand by Measuring ICT Access and Usage*
- 규율 및 정책 과정에서의 정보조항과 참여(Information

Provision and Participation in Regulatory and Policy Processes)

- *Market Structure & Penetration in Latin American Mobile*
- *Consumer Activity & ICT in Africa*
- *Building Asia-Pacific Capacity for Effective Reforms*
- *Multi-national Operators in African Mobile Markets*
- *Regulation and Telecom Investment: The Case of Chile*
- *Telecom Regulatory Environment and Investment in Guyana*
- *Telecom Regulation and Investment: A Case Study of Peru*
- *Institutional Design of the Regulator in Latin America and the Caribbean*
- *Benchmarking Asia-Pacific Telecom NRAs Websites*
- *Benchmark Indicators for Latin American and Caribbean Regulatory Authority Websites*

• 자금조달, 소유권, 경영의 혁신모델(Innovative Models of Financing, Ownership and Management)

- *Strategies for Promoting Broadband*
- *Asian Backbone Study: A General Model Applied to India*
- *Wi-Fi 'Innovation' in Indonesia*
- *Replicability of a Microfinance Approach to Extending Telecommunications Access*

- *Community-based Networks and Innovative Technologies*
- *Microtelcos in Latin America and the Caribbean*
- *Research Project: Developing Alternative Networks in Ghana*

• 자유와 시장에서의 빈곤을 위한 기회와 도전(Pro Poor Opportunities and Challenges in Liberalizing Markets)
  - *Telecom Use on a Shoestring*
  - *Smart Subsidies: Getting the Conditions Right*
  - *Strategic Use of Telecom Services on a Shoestring*
  - *Telecom Demand: Measures for Improving Affordability*
  - *Telecom Use on a Shoestring-Bangladesh*
  - *Telecom Use on a Shoestring-India & Sri Lanka*
  - *Diversifying Network Participation: A Study of India's Universal Service Instruments*
  - *Telecom Demand: Measures for Improving Affordability Project*

[4th Cycle]
- *Affordability of Mobile Phone Services in Latin America*
- *Private Equity Takeover of Telecoms*
- *Measuring ICT Sector Performance*
- *Meta Themes about Indicators(4th. Research Cycle Sub-Theme)*
- *Methodologies-Practical Strategies(4th. Research Cycle*

Sub - Theme)

- *Benchmarking National e - Readiness and Propoor Progress (4th. Research Cycle Sub - Theme)*
- *Indicators in Support of Network Development(4th. Research Cycle Sub - Theme)*
- *Measuring ICT(4th. Research Cycle Sub - Theme)*
- *WDR 4th Cycle Research Theme*

참고문헌

윤재석, 박광진. 2006. 국제기구 주요 정보통신 기반보호 논의 동향 및 시사점. <http://www.itfind.or.kr/WZIN/jugidong/1169/116901.htm>. [2008. 12. 26.]

박상현 외. 2001. 정보통신이론. 서울: 광명.

곽진규 외. 2004. 정보통신개론. 서울: 복진출판사.

이창희 외. 2003. 정보통신개론. 서울: 정익사.

약어표

APC	Association for Progressive Communications
	정보통신혁신협회
APT	Asia-Pacific Telecommunity
	아·태전기통신협의체
Big World	빅월드
Bridges.Org	브리지스
CDT	Center for Democracy and Technology
	민주주의와정보통신센터
CIPACO	Center for International ICT Policies Central and West Africa
	중앙아프리카및서아프리카국제정보통신센터
CPSR	Computer Professionals for Social Responsibility
	컴퓨터전문가기구
DOT-COM	DOT-COM Alliance
	닷컴연합
EFF	Electronic Frontier Foundation
	프런티어전자재단
EPIC	Electronic Privacy Information Center
	전자개인정보센터
ePol-Net	Global ePolicy Resource Network
	글로벌정책자원네트워크
FRIDA	Regional Fund for Digital Innovation in the Latin America and Caribbean
	라틴아메리카및캐리비안지역디지털혁신기금
FSF	Free Software Foundation

	프리소프트웨어재단
GAID	Global Alliance for ICT and Development
	글로벌정보통신개발연합
GILC	Global Internet Liberty Campaign
	글로벌인터넷자유캠페인
GISW	Global Information Society Watch
	글로벌정보학사회감시기구
GKP	Global Knowledge Partnership
	글로벌지식파트너십
i4d	Information for Development
	개발을위한정보
ICT4D	Information and Communication Technologies for Development
	개발을위한정보통신
IEC	International Electrotechinical Commission
	국제전기기술위원회
infoDev	Information for Development Program
	정보와개발프로그램
ISOC	Internet Society
	인터넷학회
ITIF	Information Technology and Innovation Foundation
	정보통신혁신재단
ITSO	International Telecommunications Satellite Organization

국제통신위성기구

ITU　　　　　　International Telecommunication Union

국제전기통신연합

Net2　　　　　　NetSqaured

넷스퀘어

ONI　　　　　　OpenNet Initiative

오픈네트이니셔티브

PI　　　　　　　Privacy International

국제프라이버시

SustainIT　　　ICT and Sustainable Development

정보통신과지속가능한개발

UNDP-APDIP

UNDP Asia-Pacific Development Information Program

유엔개발계획 아시아·태평양개발정보프로그램

UNESCO-CI UNESCO Communication and Information

유네스코정보통신

UN-ICTTF　UN Information and Communication Technologies Task Force

유엔정보통신특별전문위원회

WDR　　　　　World Dialogue on Regulation for Network Economies

세계네트워크경제규율기구

영문색인

• 저자 •

노영희
(魯榮姬)

•약 력•

연세대학교 문헌정보학과 정보학 박사
한국과학기술연구원(KIST) 자료실 연구원
한국정보공학(KIES) 정보검색엔진개발팀 팀장
이화여대 국제정보센터 자료실장
현) 건국대학교 문헌정보학과 교수
　　교육인적자원부 대학도서관 정책자문위원
　　DLS 표준관리위원회 위원

•주요 저서 및 논문•

「개념기반 검색을 위한 시소러스 관계의 효과적 활용방안에 관한 연구」
「주제별 분산 지식베이스에 의한 개념기반 정보검색 시스템의 성능향상에
관한 연구」
「A Study on Automatic Text Categorization of Internet Documents」
「A Study on the Estimation of Performance of Concept Based Informa-
tion Retrieval Model Using the Web」
「기계학습 기반 피드백 과정을 통한 SDI 시스템의 성능향상에 관한 연구」
「문헌정보학 교육과정의 특성화된 프로그램 개발 및 활용에 관한 연구」
『디지털콘텐츠의 이해』
『인문과학과 예술의 핵심 지식정보원』
『경제학의 핵심 지식정보원』
『2009 한국문헌정보학 교과과정』
『개념기반 정보검색 기법』

외 다수

홍현진
(洪賢珍)

•약 력•

연세대학교 문과대학 문헌정보학과(학사)
University of Michigan in Ann Arbor 문헌정보학과(석사)
연세대학교 대학원 문헌정보학과(박사)
대우경제연구소 정보자료실 실장
한국도서관협회 기획위원
국립중앙도서관 장서개발위원
문화관광부 문화기반시설 평가위원
현) 정보관리학회 편집위원
　　교육인적자원부 대학도서관 정책자문위원
　　문화관광부 국가도서관정책 자문위원
　　전남대학교 사회과학대학 부학장
　　전남대학교 사회과학대학 문헌정보학과 교수

•주요 저서 및 논문•

「우리나라 공공도서관에 대한 평가지표 연구」
「웹 기반 데이터베이스의 품질평가 기준 개발에 관한 연구」
「국가문헌센터 건립 최적화 연구」
「A Study on Possible Ways to Improve Policy Information Services and
Demand Survey Analysis」

『도서관의 정보서비스 품질평가 연구에 관한 고찰』
『정책정보통합서비스시스템 구축 모형에 관한 연구』
『문헌정보학의 연구방법론』
『한국도서관기준』
『국제기구 지식정보원의 이해와 활용』
『경제관련 국제기구 지식정보원』
『도서관 조직의 혁신과 변화논리』

도서관 경영정책과 정보서비스 분야에 약 50여 편의 논문을 발표함

국제기구 지식정보원 시리즈 ❼

정보통신관련 국제기구 지식정보원

초판인쇄 | 2009년 7월 31일
초판발행 | 2009년 7월 31일

지은이 | 노영희, 홍현진
펴낸이 | 채종준
펴낸곳 | 한국학술정보㈜
주 소 | 경기도 파주시 교하읍 문발리 파주출판문화정보산업단지 513-5
전 화 | 031) 908-3181(대표)
팩 스 | 031) 908-3189
홈페이지 | http://www.kstudy.com
 E-mail | 출판사업부 publish@kstudy.com

등 록 | 제일산-115호(2000. 6. 19)
가 격 | 37,000원

ISBN [illegible] (Paper Book)
     978-89-268-0231-1 98060(e-Book)